ulmer

Renate Hudak | Harald Harazim

DAS *geniale* HOCHBEET BUCH

Clever planen und gießen, Schnecken in die Flucht schlagen und richtig fett ernten

WENIGER WASSER SCHLEPPEN 105

GESUND & GUT VERSORGT 121

WINTER-EXTRAS 137

ZUM NACHSCHLAGEN & STÖBERN 149

FRAGEN RUND UMS HOCHBEET

Bauen – Ernten – Nachhaltig gärtnern

INHALT

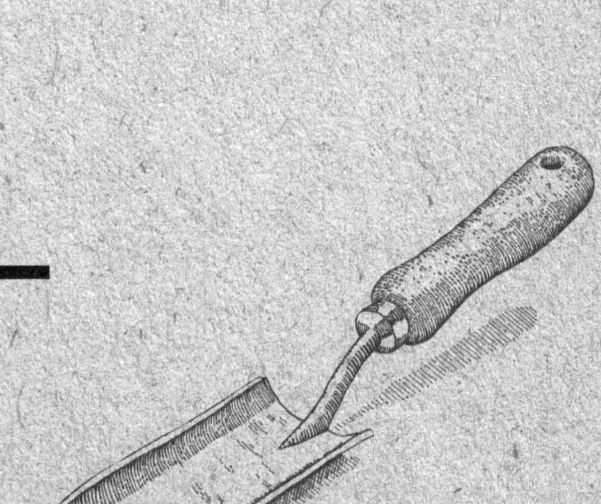

BEVOR ES LOSGEHT

Sie wollen ein Hochbeet in Ihren Garten integrieren? Wunderbar! Dann heißt es, vorab einige Dinge zu überlegen: Welches ist der beste Standort für das Hochbeet bzw. wo habe ich ausreichend Platz im Garten? Wie groß soll es werden und aus welchem Material? Was soll dort wachsen: Gemüse, Salat, Kräuter oder Blühendes?

WELCHE STANDORTE EIGENEN SICH FÜR HOCHBEETE?

Der Standort entscheidet über Ernteerfolg und optischen Gesamteindruck. Viele Faktoren sind wichtig.

MEHR DAZU AB SEITE 16

IST EIN HÜGELBEET AUCH EIN HOCHBEET?

Das Hügelbeet ist die „Urform“ des Hochbeets; man braucht nur Füllmaterial, Kraft und Ausdauer.

MEHR DAZU AB SEITE 38

WELCHE MATERIALIEN KÖNNEN VERWENDET WERDEN?

Die Materialwahl ist entscheidend: Von Holz über Stahl bis Stein oder Kunststoff ist vieles möglich.

MEHR DAZU AB SEITE 20

WIE VERLÄNGERE ICH DIE ERNTESAISON?

Die richtige Pflanzenwahl verlängert das Ernteglück; im Winter helfen Frühbeetabdeckungen.

MEHR DAZU AB SEITE 12 UND 137

DIE OPTIMALE BEFÜLLUNG?

Es eignen sich fast sämtliche organischen „Abfälle" aus dem eigenen Garten zum Befüllen des Hochbeets.

MEHR DAZU AB SEITE 42

EINE ANDERE FÜLLUNG FÜR EIN KRÄUTER-HOCHBEET?

Die meisten Kräuter benötigen wenig Nährstoffe, daher passen sie gut ab dem vierten Jahr auf das Hochbeet.

MEHR DAZU AB SEITE 94

ANBAUEN & ERNTEN

Der überschaubare Rahmen eines einfachen Hochbeets bietet gerade für Gartenanfänger einen wunderbaren Einstieg. Auch mit kleinem Garten oder auf Dachterrassen lassen sich so Gartenerfolge und reichliche Ernten erzielen; viele Gärtner werden zum dauerhaften Hochbeet-Fan! Für schneckengeplagte Gartenfreunde bieten Hochbeete ein übersichtliches Abwehr- und Arbeitsfeld.

WAS PFLANZE ICH WANN?

Für jede Pflanze gibt es eigene Saat- und Pflanzfenster; werden sie beachtet, winkt eine reiche Ernte.

▶ MEHR DAZU AB SEITE 96 UND 150

WAS KANN ICH AUF MEINEM HOCHBEET PFLANZEN?

Alles, was im übrigen Garten auch angebaut wird: Blumen, Salat, Gemüse und Beerensträucher sind möglich.

▶ MEHR DAZU AB SEITE 82

WIE HALTE ICH SCHNECKEN VOM HOCHBEET FERN?

Ein Hochbeet ist nicht automatisch schneckenfrei, doch effiziente Schutzmaßnahmen helfen.

▶ MEHR DAZU AB SEITE 134

KANN ICH DAS GANZE JAHR ÜBER ERNTEN?

Passende Arten und Sorten und eine winterliche Beetabdeckung ermöglichen (fast) ganzjährige Ernte.

▶ MEHR DAZU AB SEITE 137

MUSS EIN HOCHBEET GEDÜNGT WERDEN?

Pflanzen brauchen Nährstoffe! Die wesentlichen erhalten sie durch die Zersetzungsprozesse im Hochbeet.

▶ MEHR DAZU AB SEITE 122

WIE KANN ICH DEN BEWÄSSERUNGSBEDARF MINIMIEREN?

Mulchen, hacken und andere Tricks können den Wasserbedarf fürs Hochbeet in Grenzen halten.

▶ MEHR DAZU AB SEITE 106

SCHICK & NACHHALTIG

Die Auswahl der zur Verfügung stehenden Materialien und der daraus resultierenden Möglichkeiten hinsichtlich Formenvielfalt und Verwendungszweck bietet gestaltungsfreudigen Menschen (fast) unbegrenzte Möglichkeiten. Sie reichen von der Lifestyle-Gestaltung des täglich genutzten Freiluftlebensraums über das Upcycling von gebrauchten, vermeintlichen Abfallmaterialien bis zum Gartenkunstwerk.

IST EIN HOCHBEET IMMER KASTENFÖRMIG?

Neben dem klassischen Kastenhochbeet gibt es zahlreiche andere Formen: rund, elliptisch, birnenförmig …

MEHR DAZU AB SEITE 24

HOCHBEETBEPFLANZUNG: BUNT UND FARBENFROH?

Ein dekoratives, buntes Hochbeet hilft auch den Nektarliebhabern unter den Insekten als Bienen- und Schmetterlingsweide.

MEHR DAZU AB SEITE 72 UND 90

KOMPOST INS HOCHBEET?

Ins Hochbeet kommt Astschnitt, Gras, Laub – und junger, reifer Kompost als Nährstofflieferant.

MEHR DAZU AB SEITE 42

GELINGT DER PFLANZENSCHUTZ OHNE CHEMIE?

Mischkulturpflanzungen, „technischer“ Schneckenschutz, Nützlinge anlocken – vieles ist möglich.

MEHR DAZU AB SEITE 50 UND 126

WELCHE PFLANZEN HALTEN SCHÄDLINGE FERN?

Viele Insekten mögen spezielle Pflanzen nicht; das können wir uns zunutze machen.

MEHR DAZU AUF SEITE 76

HOCHBEETE AUS UPCYCLING-MATERIAL – GEHT DAS?

Was ist nachhaltiger, als Neues aus Altem zu bauen? Bretter, Paletten und anderes sind gut geeignet.

MEHR DAZU AB SEITE 30

NEBENSAISON NUTZEN

Mit Hochbeeten können Sie den Erntezeitraum von knackigem Salat und vollreifem Gemüse erheblich ausweiten und so den Zeithorizont der selbst gezogenen Genüsse verlängern. Frühbeetaufsätze und ähnliches Zubehör ermöglichen im Spätherbst, im zeitigen Frühjahr und ja, sogar im Winter Anbau bzw. Ernte auf dem Hochbeet.

WÄCHST IM WINTER AUCH SALAT AUF DEM HOCHBEET?

Spezielle Salate für den Winteranbau und clevere Beetabdeckungen ermöglichen winterliche Erntefreuden.

MEHR DAZU AB SEITE 144

LÄSST SICH AUCH IM WINTER ERNTEN?

Manche Gemüsesorten sind speziell für Winterernte geeignet; Frost verbessert sogar ihren Geschmack.

MEHR DAZU AB SEITE 142

WANN STARTET DER ANBAU IM FRÜHJAHR?

Durch Vorziehen von Jungpflanzen auf der Fensterbank kann ein Anbau schon zeitig starten.

MEHR DAZU AB SEITE 56

GIBT'S HOCHBEETAUFSÄTZE FÜR JEDEN ZWECK?

Einfaches Gartenvlies, Doppelstegplatten, maßgeschneiderte Beetaufsätze – Lösungen gibt es viele.

MEHR DAZU AUF SEITE 140

WELCHES GEMÜSE IST WINTERHART?

Feldsalat und Co. überstehen als kleine Pflänzchen die kalte Zeit und starten im Frühjahr durch.

MEHR DAZU AB SEITE 138

WAS MACHE ICH IM URLAUB?

Geschickte Pflanzplanung verhindert, dass die Hauptertne genau in die Urlaubszeit fällt.

MEHR DAZU AB SEITE 84

INTELLIGENT ANLEGEN

Geeignete Standorte – Vielfältige Materialien – Verschiedene Formen

INHALT

DER STANDORT

Die sorgfältige Wahl des richtigen Standortes für unser Hochbeet ist entscheidend! Vom Standort hängt die mögliche Anzahl der Sonnenstunden oder die Dauer der Beschattung ab. Je nach gewählter Größe und Ausrichtung wird auch der optische Eindruck des Hochbeets von dessen Standort im Garten beeinflusst.

PRAKTISCH SOLL ES SEIN

Der Gartenplatz für das Hochbeet sollte möglichst eben und groß genug sein sowie wenigstens an einer Längsseite einen Zugang haben. Als günstige Maße haben sich eine Höhe von 70–90 cm und eine Tiefe von etwa 100 cm erwiesen; Länge beliebig. Nicht zuletzt sind auch die Nähe zum Wasseranschluss oder zur Regentonne und eine gute Erreichbarkeit, auch bei Matsch- und Regenwetter, entscheidend. Soll sich Ihr Hochbeet in ein bereits dicht bepflanztes Gartenareal einfügen, müssen Sie überlegen, wie Bau und Befüllung am geschicktesten gehandhabt werden können, ohne dass allzu viel umgebende Bepflanzung zerstört wird, Sie aber dennoch Baumaterial und schubkarrenweise Äste, Kompost und Ähnliches zum Befüllen an Ort und Stelle bringen können.

CLEVER BAUEN TIPP

Wenn möglich, bauen Sie den Hochbeetrahmen vorab an einem offenen, ebenen Ort (in der gepflasterten Einfahrt, auf einer ebenen Wiese) probehalber zusammen; dort haben Sie meist mehr Bewegungsfreiheit als am eigentlichen Standort.

KURZ- ODER LANGLEBIG?

Da die Lebensdauer eines Hochbeets je nach Baumaterial von immerhin einigen Jahren bis nahezu unendlich reicht und der Umzug eines befüllten Hochbeets arbeitsaufwendig ist, sollte der Standort auch in dieser Hinsicht mit Bedacht gewählt werden. Langlebige, gemauerte Hochbeete können nicht zerstörungsfrei umziehen; für ein Hochbeet aus dünnen Fichtenlatten, welches nur einige Jahre hält, kann man zumindest dann auch wieder einen neuen Gartenplatz suchen.

DER RICHTIGE PLATZ

Ein klassisches Hochbeet steht immer auf unversiegeltem Boden, das heißt, nicht auf einer Pflaster- oder Betonfläche. Nur so können später die Bodenlebewesen auch ihre wichtige Arbeit vollständig leisten. Ausnahme: Kleinere Hochbeete auf gepflasterten Flächen, wo direkt unter dem Beet ein Großteil der Pflastersteine entfernt werden sollte, um den Bodenlebewesen die Arbeit bestmöglich zu erleichtern. Obwohl Hochbeete sich für Hanglagen ebenso eignen wie für flache Standorte, müssen für die eigentlichen Beetflächen jeweils ebene Grundflächen vorhanden sein oder geschaffen werden.

Wichtig ist, dass Sie zum Bearbeiten gut an das Hochbeet herankommen – mindestens an einer Längsseite.

HOCHBEETE ALS GESTALTUNGSELEMENTE

Liegt der gewählte Standort in der Nähe der geliebten Terrasse, sollten Sie unbedingt darauf achten, dass sowohl gewähltes Material wie auch Größe und Form zum Rest passen und sich gegenseitig ergänzen und bereichern. Durch Hochbeete können auch unterschiedliche Gartenbereiche abgetrennt und strukturiert werden. Wer ein Hanggrundstück besitzt, kann dieses auch mit mehreren, in Terrassenbauweise angelegten Hochbeeten sowohl optisch aufwerten als auch viel zusätzliche Fläche für den Anbau von Gemüse schaffen.

DIE OPTIK MACHT'S

Die meisten Hochbeete haben schon allein aufgrund ihrer Größe Einfluss auf den optischen Eindruck des ganzen Gartens. Sie können sich harmonisch in das Gesamtbild einfügen oder einen gewünschten Kontrapunkt in den Sichtachsen bilden. Bei einem rechteckigen Hochbeet hinterlässt der Blick auf die schmalere Seitenfront einen völlig anderen Eindruck als die Sicht auf die breitere Front. Insofern hat auch der Standpunkt des Betrachters entscheidenden Einfluss. So kann sich das Hochbeet aus Sicht der eigenen Terrasse harmonisch einfügen; wirkt aber von der Straßenseite wie ein klobiger Klotz. Ein rundes Hochbeet hat von allen Seiten betrachtet den gleichen Durchmesser. Aber auch hier hat die Höhe und deren Verhältnis zum Durchmesser entscheidenden Einfluss auf den Gesamteindruck.

WAS WÄCHST AUF DEM HOCHBEET?

Je nach Bewuchs empfehlen sich unterschiedliche Hochbeet-Standorte. So ist ein Hochbeet für Zierpflanzen an nahezu allen Gartenplätzen möglich, sowohl in der Sonne als auch im Schatten, je nach Pflanzenauswahl. Es eignet sich gut zur Gliederung und optischen Aufwertung des Gartens und erfordert einen geringeren Aufwand für Befüllung und Erneuerung. Ein Hochbeet für den Anbau von Salat und Gemüse hingegen sollte einen möglichst sonnigen, warmen, windgeschützten Platz im Garten erhalten. Für ausgesprochen wärmeliebende Gemüse- oder Obstkulturen können Hochbeete auch direkt an eine südexponierte Wand oder Mauer gebaut werden.

WIE VIEL SONNE BEKOMMT DAS BEET?

Der gewünschte Ernteerfolg eines klassischen Gemüse-Kräuter-Hochbeets hängt maßgeblich von der Frage der Sonneneinstrahlung ab. Mediterrane Kräuter benötigen möglichst viel direkte Sonne, viele Gemüsearten begnügen sich auch mit weniger Sonnenstunden.

Um den Sonneneinfall im Tagesverlauf zu ermitteln, können Sie vorab den gewählten Standort den Tag über beobachten oder den Sonnenlauf zumindest gedanklich berücksichtigen. Auch die Änderung des Sonnenstandes im Jahresverlauf sollte bedacht werden. Eine Ost-West-Ausrichtung, bei der die kurzen Seiten des Beetes in Richtung Osten und Westen zeigen, ist insbesondere für Gemüse-Hochbeete günstig. So wird das Sonnenlicht optimal ausgenutzt und die Pflanzen haben beste Lichtverhältnisse.

In der direkten Umgebung des Hochbeetes sollten keine hohen Bäume oder Hecken stehen, die dem Beet unnötig viel Licht wegnehmen. Eine weniger hohe Hecke hingegen kann als erwünschter Windschutz dienen und sorgt außerdem für ein wachstumsförderndes Kleinklima.

TISCHBEETE

Bei beengten Platzverhältnissen oder für den Fall, dass Ihnen nur ein Balkon oder eine Terrasse zur Verfügung stehen, kommt als Alternative ein „mobiles" Beet infrage. Das kann ein Hochbeetbehältnis oder eine entsprechende Kiste mit Rollen oder Rädern sein oder ein sogenanntes Tischbeet, bei dem es sich um eine Beetkiste auf Holzbeinen in praktischer Arbeitshöhe handelt. Diese Varianten sind keine Hochbeete im eigentlichen Sinn, doch auch hier bringt die erhöhte Position eine rückenfreundliche Bearbeitung und eine bessere Übersichtlichkeit des ganzen Beets mit sich. Außerdem sind Sie ziemlich flexibel in der Wahl des Standortes und können diesen je nach jahreszeitlicher Sonneneinstrahlung auch verändern und variieren.

Wenig Platz, nur Terrasse oder Balkon: Hier ist ein Tischbeet eine gute Lösung.

DAS MATERIAL

Hochbeet ist nicht gleich Hochbeet! Neben Unterschieden in Größe, Form und Bepflanzung können Sie auch bei der Auswahl des Baumaterials auf verschiedene Werkstoffe zurückgreifen. Teilweise bedingen sich die einzelnen Faktoren wie Form und Material oder Verwendungszweck und Material auch gegenseitig; ungewöhnliche Formen sind zum Beispiel leichter mit Stein als mit Holz zu realisieren.

VIELES IST MÖGLICH …

Das gewählte Material ist neben der Optik entscheidend für die Haltbarkeit eines Hochbeets. Unterschiedliche Holzarten sind verschieden lange haltbar; konstruktiver Holzschutz und Verwendung von Folie tragen ebenfalls zur Haltbarkeit bei. Freunde des Upcyclings können auch ausgediente Paletten zum Bau des Hochbeets verwenden.

Besonders langlebig ist ein Hochbeet aus Stein; außerdem liefert es im Sommer zusätzliche Wärme, wenn das Material sich in der Sonne aufheizt.

Einen ganz eigenen Charme verleiht diesen Hochbeeten aus Cortenstahl ihre „Rost-Optik“.

HOLZ, KUNSTSTOFF, STEIN

Lärchenholz ist erheblich haltbarer als Kiefernholz, aber auch deutlich teurer. Mit Folie ausgekleidete Innenseiten von Holzhochbeeten und eine gute Untergrunddrainage tragen wesentlich zur Verlängerung der Lebensdauer bei. Wer sich mit Kunststoff anfreunden kann, erhält besonders langlebige und zumeist kostengünstige Hochbeete – hier gibt es praktische Bausätze im Fachhandel. Hochbeete aus Naturstein und gut gemauerte Backsteinhochbeete sind nahezu unzerstörbar und überleben oftmals den Erbauer. Andererseits sind Natursteinhochbeete mit offenen Fugen zumeist weniger gut gegen Schnecken und Co. zu verteidigen. Auch lassen sich bei ihnen aufgrund der unregelmäßigen Oberfläche schlechter passende Frühbeetabdeckungen anbringen.

WAS SOLL DAS HOCHBEET KÖNNEN?

Welches Material sich für Ihr Hochbeet am besten eignet, hängt nicht zuletzt auch vom gewünschten Verwendungszweck ab. Überlegen Sie daher vor dem Bau, welche Art von Beet Ihren Ansprüchen am besten gerecht wird. Klassische Hochbeete, die als Bestandteil eines Nutzgartens in erster

OPTIK TIPP

Ein Kunststoffhochbeet lässt sich mit etwas Geschick und einer „Außenverkleidung“ aus Weidenflechtwerk in ein ansprechendes Gartenobjekt verwandeln. Weidenelemente am besten separat anfertigen und dann am Hochbeet anbringen.

Linie dem praktischen und rückenfreundlichen Anbau von Gemüse dienen, werden häufig in der rechteckigen, preisgünstigen Variante aus Brettern oder Rundholz gebaut. Auch Hochbeet-Neueinsteiger können diese Hochbeete mit ein wenig handwerklichem Geschick und etwas Zeit selbst bauen. Das Material lässt sich leicht beschaffen und das ganze Beet ist einigermaßen kostengünstig. Häufig wird auch für ein „Hochbeet auf Probe" diese Materialvariante gewählt, wenn man die Hochbeet-Idee einfach mal ausprobieren oder in einem Mietshausgarten keine großen Investitionen tätigen möchte.

GÜNSTIGE MATERIALIEN

Verwendet werden dafür Bretter aus Weichholz, wie zum Beispiel Fichte, Kiefer, Douglasie oder Pappel; ihre Haltbarkeit beträgt nur einige Jahre. Noch schneller und einfacher zu errichten sind Hochbeete aus vorgefertigten Kunststoffelementen oder Sie verwenden Bausätze für Komposter aus Holzlatten aus dem Fachhandel, die sich leicht zum Hochbeet umfunktionieren lassen, indem Sie die fertigen Lattenkomposter innen mit einer stabilen Folie auskleiden.

HOLZ IST NICHT GLEICH HOLZ

Möchten Sie gleich zu Anfang etwas mehr investieren, lieber ein länger haltbares Hochbeet errichten oder auch optisch ein besonders ansprechendes Material verwenden? Dann können Sie für Ihr Hochbeet teureres, aber dafür deutlich länger haltbares Holz wie zum Beispiel Lärche, Robinie, Schwarzkiefer oder Eiche wählen. Dieses Material ist besonders widerstandsfähig gegenüber Feuchtigkeit und Verrottung und Sie werden viele Jahre lang Freude an Ihrem Beet haben.

LANGLEBIGE BEETE AUS STEIN

Soll Ihre Hochbeet-Konstruktion noch dauerhafter sein? Dann kommt als Baumaterial Stein in Betracht: Im Gegensatz zu einem Beet aus Holz ist die Lebensdauer eines Steinhochbeets nahezu unbegrenzt und es kommt ohne Folienverkleidung aus! Es ist allerdings auch aufwendiger zu bauen und kostenintensiver als ein Modell aus Holz. Außerdem erwärmt sich Stein im Vergleich zu einem dünnwandigen Holzhochbeet zwar langsamer; hält und speichert dann die Wärme jedoch auch länger, was insbesondere während der Hauptwachstumssaison einem besseren

Ein besonderer „Hingucker": Ein Hochbeet aus Weidenflechtwerk.

Pflanzenwachstum zugutekommt. Wollen Sie das Innenleben eines Steinhochbeets nicht alle paar Jahre erneuern, eignet es sich gut für eine Dauerbepflanzung, zum Beispiel mit mehrjährigen Kräutern, Zierpflanzen oder niedrigen Obststräuchern.

HOCHBEETE FÜR JEDEN GESCHMACK

Steht für Sie beim Thema Hochbeet nicht der bequeme Gemüseanbau im Vordergrund, sondern die Umgestaltung und Verschönerung Ihres Gartens? Dann sollten Sie das Material besonders sorgfältig wählen: Neben Steinhochbeeten bieten sich auch Hochbeete aus Metall, aus Weidenflechtwerk, aus Gabionen oder anderen kreativen Materialien an. Auch Hochbeete in runder oder geschwungener Form lohnen einen Versuch und lassen sich mit diesen Materialien häufig leichter verwirklichen als in der klassischen Holzbauweise.

HOCHBEET AUS METALL

Besonders lange haltbar sind Hochbeete aus Stahl, jedoch ist ihre Anschaffung eine Frage des Geschmacks und des Geldbeutels. Sie können auch wie eine bepflanzte Gartenskulptur gestaltet und so leicht in verschiedene Gartenbereiche integriert werden. Bei der Wahl von Cortenstahl sollte jedoch bedacht werden, dass sich das dunkle Material bei direkter und flächiger Sonneneinstrahlung besonders schnell und stark aufheizt und diese Wärme an das Füllmaterial weitergibt. Im Winter kann die Wärme zum Wachstum der Pflanzen beitragen. Bei direkter Sonneneinstrahlung im Sommer führt die Hitze jedoch zu einem erhöhtem Wasserbedarf und kann Verbrennungen im Wurzelbereich auslösen.

NUR ERDE …

Das nach wie vor preiswerteste Hochbeet ist seine Urform, das Hügelbeet. Hierbei benötigen Sie lediglich Muskelkraft für den Aushub und das Herbeischaffen und Zerkleinern des Füllmaterials. Da auf zusätzliche Außenwände gänzlich verzichtet wird, entstehen hier weder Kosten noch Arbeitsaufwand für den Zusammenbau. Die Erhöhung der Pflanzfläche ergibt sich aus der Menge des verwendeten Füllmaterials und dem Schüttkegel des darauf angehäuften Aushubs. Dementsprechend ist ein Hügelbeet aber auch nur begrenzt rückenfreundlich. Mehr zum Hügelbeet erfahren Sie ab Seite 38.

UPCYCLING – ABER RICHTIG!

Auf ausgediente Bahnschwellen aus Holz, die man früher häufig und gerne im Garten verwendet hat, sollte besser verzichtet werden, denn zumeist wurden sie jahrzehntelang mit Pestiziden besprüht und gegen Insektenbefall imprägniert. Derlei Gifte möchte sicherlich niemand in seinem Garten und seinen Gemüsepflanzen haben! Auch ausgediente Telefonmasten, die gelegentlich zum Bau rustikaler Hochbeete Verwendung fanden, sind aufgrund der Imprägnierung tabu. Generell ist Upcycling von ausgedienten Baumaterialien wünschenswert. Aber deren Eignung für den Hochbeetbau hängt von möglichen gesundheitsschädlichen Belastungen ab. Pflanzenwuchs, Bodenlebewesen und Wasser können Stoffe lösen, die bei einer anderen Verwendung nicht freigesetzt würden. Also: Upcycling ist prima! Aber darauf achten wo und wie (ab Seite 30)!

DIE FORM

Hochbeete gibt es in den verschiedensten Formen. Die Grundformen werden maßgeblich durch die jeweils gewählten Baumaterialien bestimmt. Bei selbst konstruierten Hochbeeten bilden lediglich das handwerkliche Geschick der Erbauer und die Grundlagen der Physik die Grenzen des Realisierbaren.

WIE SOLL MEIN HOCHBEET AUSSEHEN?

Die Form sollte der späteren Funktion des Hochbeets folgen und an die Größe des Gartens oder der Terrasse angepasst sein. Teilweise bestimmen die Form und die Konstruktion auch über die Haltbarkeit des Hochbeets. So dient ein intelligent gewählter Handlauf auch als ein konstruktiver Wetterschutz und erhöht zusätzlich die Lebensdauer des Hochbeets.

KLASSISCH: DIE KASTENFORM

Die klassische Form des Hochbeets ist eine Holzbauweise in Kastenform, deren Breite, Tiefe und Höhe sich aus der jeweiligen Materiallänge und Konstruktionsweise ergeben. Dabei handelt es sich um die platzsparendste und am einfachsten anzulegende Variante. Außerdem lassen sich diese Beete gut in bestehende Gärten integrieren und eignen sich für die – übrigens sehr empfehlenswerte – Anbringung von Frühbeet-Aufsätzen, Folientunneln und Ähnlichem. Damit erreichen Sie im Frühjahr und Herbst eine zusätzliche Verlängerung der Gemüsesaison.

FORMEN & VARIANTEN

Aber auch andere Formen sind möglich; diese lassen sich oft leichter mit Materialien wie Stahl oder Kunststoff verwirklichen. Steht Ihnen viel Platz im Garten zur Verfügung, können Sie Ihrer Fantasie und Ihrer Kreativität freien Lauf lassen und auch runde, sechs- oder achteckige Beete oder solche in geschwungener Form konstruieren.

Die optische Wirkung wird neben der Größe des Hochbeets auch durch dessen Seiten- und Höhenverhältnisse und die Lage im Garten bestimmt. Ein quer zur Sichtachse gestelltes Hochbeet kann wie ein Riegel wirken; um 90° gedreht und 10 cm niedriger erscheint es deutlich weniger massiv.

OPTIK TIPP

Besonders komfortabel zu bearbeiten sind Hochbeete in U-Form. Sie können sozusagen mitten ins Beet treten; das heißt, man hat nach drei Seiten hin Beetfläche, die man praktisch bearbeiten kann und an einer Seite einen Zugang.

DAS MATERIAL BESTIMMT DIE FORM

Gerade aus Stahl oder Kunststoff können Sie durchaus auch ovale Formen oder die eines Schiffsrumpfes konstruieren. Stahl bietet letztlich sogar die Möglichkeit, wahre Gartenskulpturen zu kreieren. Lediglich Pflanzmöglichkeiten und deren spätere Pflege sollten bei der kreativen Gestaltung bedacht werden. Doch selbst mit Holz ist vieles möglich: Mit der Fassbauweise (ab Seite 34) lassen sich runde oder ovale Formen auch mit Holz als Baumaterial erreichen.

IM MODELL AUSPROBIEREN

Auch Stein, insbesondere relativ kleine Ziegelsteine, bieten mehr Gestaltungsspielraum als die klassische Kastenform. Hierbei können die vom Dachboden geholten oder von den Kindern geliehenen Bauklötze helfen, ein Modell zu bauen. Die gemeinsame Projektplanung macht schon im Vorhinein viel Spaß. Ist man selbst kein Fachmann, sollte man vorher jemanden fragen, der sich hinsichtlich der technischen Realisierbarkeit auskennt. Sonst kann die Freude an der Planung bei der späteren Umsetzung in Frust umschlagen, oder baubedingte Fehler zum vorzeitigen Verfall des mühsam gebauten Hochbeets führen.

HOCHBEETE ALS TEIL DER TERRASSE

Hochbeete können auch als Gartenmöbel dienen oder in vorhandene Terrassenstrukturen einbezogen werden. Sie können sie als Sitzelement oder Abstellmöglichkeit verwenden oder als eigenständigen Aufenthaltsbereich gestalten. Auch Tischbeete, die streng genommen keine Hochbeete im engeren Sinn sind, erfreuen sich zunehmender Beliebtheit. Mit Kräutern bepflanzt und direkt am Sitzplatz auf der Terrasse platziert, steigern sie den kulinarischen Genuss direkt beim Essen.

Auch in Seniorenresidenzen, Kindergärten und Schulen sind Hochbeete sehr beliebt. Hierbei richten sich Form und Gestaltung nach den speziellen Anforderungen der jeweiligen Nutzergruppe. So sollte bei Kindergartenkindern eine passende Beethöhe gewählt werden. Hochbeete für Personen mit eingeschränkter Bewegungsfreiheit müssen ebenfalls an deren speziellen Bedürfnisse angepasst werden. Rollstuhlfahrer beispielsweise brauchen einen ausreichend breiten Zugang und möglichst ebenen Boden im Umfeld des Hochbeets. Für Senioren gestaltete Hochbeete müssen einerseits hoch genug sein, um unnötiges Bücken zu vermeiden; andererseits sind integrierte Sitz- und Ruheangebote besonders von Vorteil.

Optisch attraktiv und zugleich praktisch von vielen Seiten zu bearbeiten ist dieses Hochbeet in L-Form.

DAS RUSTIKALE

Der Klassiker beim Hochbeetbau ist ein Kastenhochbeet aus Holzbrettern bzw. -bohlen. Es lässt sich leicht in verschiedenen Größen verwirklichen und hinsichtlich des verwendeten Holzes steht unterschiedliches Baumaterial zu Verfügung – mehr oder weniger lange haltbare Holzarten, im rustikalen oder etwas edleren Stil. Danach richtet sich dann meist auch der Preis.

UNSER HOCHBEET-KLASSIKER

In unserem Hochbeet-Garten ist die rustikale Variante aus 4 cm starken Kieferbaubohlen mittlerweile der Klassiker. Da die Bohlen im Holzhandel gut erhältlich sind und dort schon auf die jeweils gewünschte Länge geschnitten werden können, verwenden wir sie auch für KITA- und Schulprojekte. Trotz des kostengünstigen Holzes sehen die Hochbeete nicht nur robust aus; sie sind es auch und vertragen durchaus auch den „unsachgemäßen" Gebrauch in Form von Sitzen und Beklettern. Um die Haltbarkeit zu verlängern, kleiden wir den Rahmen innen mittlerweile mit Hochbeet-Noppenfolie zur Drainage aus. Unseren Erfahrungen nach überdauern diese Beete nun statt etwa 5 Jahren gute 10 Jahre.

Hochbeete aus Holzbohlen sind relativ einfach zu bauen und passen in jeden Garten – hier in der rustikalen Version.

SO BAUT SICH'S LEICHTER

Wir bauen unsere Hochbeetrahmen zunächst auf einer geraden und leicht zugänglichen Fläche zusammen und stellen sie erst danach am endgültigen Standort auf. So können alle Löcher problemlos vorgebohrt werden und die endgültige Montage ist leichter zu bewerkstelligen. Durch die bessere Zugänglichkeit können auch mehrere Personen zusammen arbeiten bzw. beim Aufbau helfen.

Die Holzbohlen überlappen sich an den Kanten abwechselnd.

UND SO WIRD'S GEMACHT

Für die M8-Schlossschrauben werden 10-mm-Löcher in die Bohlen und Pfosten vorgebohrt. So haben die Schrauben später ausreichend Spiel und die Einzelteile können einfacher zusammengebaut werden. Die Löcher für die vier Schlüsselschrauben pro Bohle bohren wir mit 6 mm durch die Bohlen komplett durch und bis zur Hälfte in den Pfosten vor.

BAUTEILE VORAB MARKIEREN

Damit später klar ist, welche Bohle wohin gehört, sollten diese und die dazugehörigen Pfosten beim Probeaufbau unbedingt markiert werden. Wir markieren die Hölzer immer gleich zweifach. Zum einen bekommt jedes einzelne eine Nummer und das Kürzel der Himmelsrichtung, in welcher es sich befindet. Steht das Hochbeet, zeichnen wir mit Wachsmalkreide oder Ähnlichem zusätzlich auf jeder Innenseite noch große Dreiecke auf, die über die einzelnen Bohlenlagen reichen. Das gibt beim Endaufbau einen schnellen Überblick, was zusammen gehört, und verhindert Fehler.

Um die Lebensdauer des Hochbeetes zu verlängern, schrägen wir die Pfosten vor dem Einbau oben um etwa 10 ° an, so kann Wasser gut ablaufen. Das Anschrägen kann je nach vorhandenem Werkzeug mit eine Motorkappsäge oder mit einem Fuchsschwanz erfolgen. Auch setzen wir die Bohrungen so, dass die Pfosten unten keinen direkten Bodenkontakt haben, sondern etwas hochstehen. So wird beim späteren Wiederaufbau ein ständiger Kontakt der Pfosten mit dem feuchten Erdreich vermieden und die Haltbarkeit des Holzes erheblich verlängert.

DER UNTERGRUND

Als Erstes ebnen wir die Fläche, auf der später das Beet stehen soll; gegebenenfalls wird die Grasnarbe oder anderes organisches Material abgetragen. Da wir noch alte Pflastersteine haben, legen wir aus ihnen einen Rahmen, auf dem das Beet später stehen soll. Statt der Pflastersteine kann auch Kies oder Bruchsteinschotter verwendet werden. Hierbei wird ein etwa 20 cm breiter Streifen geschüttet, der der Grundform des Hochbeetrahmens entspricht. Dabei aber bitte daran denken, dass sich Kies oder Schotter gerade bei lockerem Boden stark setzt. Daher muss die Schotter- oder Kiesschicht mindestens 10–15 cm Höhe betragen. Nun wird das verzinkte Drahtgitter als Wühlmausschutz plan auf dem Boden ausgelegt. Natürlich so, dass es mindestens dieselben Maße hat wie das Beet, damit sich auch wirklich niemand darunter hindurch schummeln kann.

DER HOCHBEET-RAHMEN

Der endgültige Zusammenbau des vorbereiteten Hochbeetrahmens lässt sich am besten zu zweit bewerkstelligen. Zunächst die ersten vier Bohlen auf den Steinunterbau stellen; dadurch wird gleichzeitig der Wühlmausschutz fixiert. Nun die Pfosten in die Ecken stellen und mit den Schlossschrauben an den Bohlen fixieren. Die Muttern werden nur leicht angezogen; so kann die Ausrichtung bei Bedarf später noch korrigiert werden. Mit den zweiten und dritten Bohlenlagen ebenso verfahren. Das Hochbeet wird abschließend exakt ausgerichtet und die Muttern fest angezogen. Nun werden die Schlüsselschrauben ober- und unterhalb der Schlossschrauben in die vorbereiteten Bohrungen eingeschraubt. Anders als die Schlossschrauben ziehen sie sich mit ihrem Gewinde ins Holz und sorgen so für zusätzliche Stabilität.

DIE FOLIENAUSKLEIDUNG

Jetzt wird die Noppenfolie von innen an den Seitenwänden angebracht. Um die Folie in den Ecken gut umknicken zu können, am besten die Folie mit einer Schere oben leicht einschneiden und anschließend überlappend festtackern. Ist kein Tacker für die Stahlkrampen zur Hand, können zur Befestigung auch Dachpappennägel verwendet werden. Kleine Beulen und Luftspalten, gerade im unteren Bereich der Folie, werden später beim Befüllen des Hochbeets nach außen an die Seitenwände gedrückt.

DER HANDLAUF

Abschließend wird noch der sogenannte Handlauf, oben als umlaufende, leicht überstehende Abdeckung der Seitenwände, angebracht. Wegen der längeren Haltbarkeit verwenden wir bei diesem der Witterung besonders ausgesetzten Bauteil gerne Lärchenholz.

DIE FÜLLUNG

Der Rahmen steht, das Hochbeet kann schichtweise befüllt werden. Zunächst kommt grober Gehölzschnitt, dann etwas feinerer Staudenschnitt oder Holzhäcksel; auch Falllaub oder Grasschnitt kann an dieser Stelle aufgefüllt werden. Dann frischerer Kompost, später reifer Kompost oder Mutterboden und zum Schluss eine dünne Schicht Pflanzerde. Hier reichen 10 cm aus, um das Durchwachsen von unerwünschten Beikräutern zu vermindern.

Bis auf die Deckschicht sollten alle Schichten ungefähr gleich stark sein. Da Holz und Kompost im Laufe der Zeit verrotten, wird sich die Hochbeetfüllung stark setzen. Durch gezieltes Verdichten in Form von Draufspringen kann dem entgegengewirkt werden; so hat man kurzzeitig ein „Naturtrampolin“ und Spaß mit Freunden und Familie.

DAS MATERIAL SINKT AB

Im zweiten und dritten Standjahr muss aber trotzdem Erde nachgefüllt werden. Das Absenken des Niveaus der Hochbeetfüllung ist jedoch nicht unbedingt von Nachteil. Durch den Verrottungsprozess entsteht Wärme, die das Wachstum fördert und somit eine Bepflanzung des Hochbeets früher im Jahr ermöglicht. Zudem werden Nährstoffe freigesetzt.

Bei tiefen Temperaturen reicht die Verrottungswärme jedoch nicht aus, um insbesondere Jungpflanzen zu schützen; hier ist unbedingt eine zusätzliche Abdeckung erforderlich. Durch das abgesenkte Füllungsniveau ist es nun besonders einfach, eine Abdeckung anzubringen; meist genügt schon eine einfache Doppelstegplatte (mehr zu zweckmäßigen Abdeckungen erfahren Sie auf Seite 140). So kann das Hochbeet bis zum Auffüllen als Frühbeet mit einer Vorkultur genutzt werden.

KASTENHOCHBEET – DER KLASSIKER

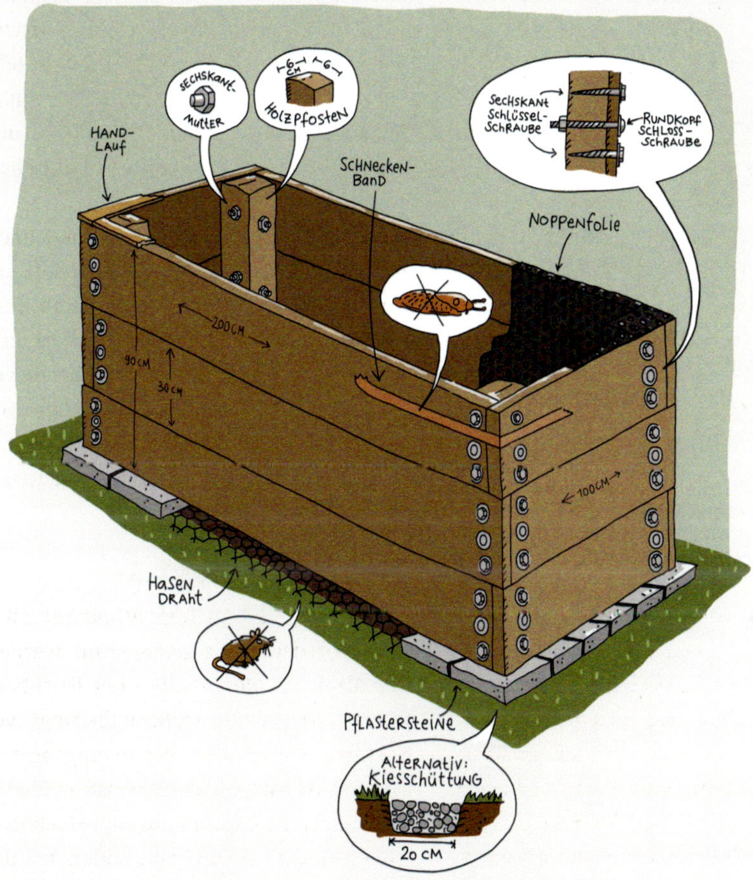

ZEIT 6–8 Stunden

BAU mittelschwer

MATERIAL

- 6 Holzbohlen, 200 × 4 × 30 cm
- 6 Holzbohlen, 100 × 4 × 30 cm
- 4 Pfosten, 6 × 6 × 84 cm
- 2 Lärchenbretter, 200 × 10 × 2 cm
- 2 Lärchenbretter, 100 × 10 × 2 cm
- 24 Schlossschrauben M8, 11 cm lang
- 24 Muttern M8
- 48 Schlüsselschrauben, 8 mm, 8 cm lang
- 72 Unterlegscheiben
- 30 Holzschrauben, 4 mm, 5 cm lang
- Noppenfolie
- Drahtgitter, verzinkt
- Kies und ggf. alte Pflastersteine

WERKZEUG

- Akkuschrauber / Bohrmaschine
- Holzbohrer: Ø 10 mm, 6 mm, 4 mm
- Schraubenschlüssel
- Wasserwaage
- Tacker oder Hammer
- Drahtschere
- Säge

TIPP

Bei weichem Untergrund sollte die Kiesschüttung ca. 10 cm über den Bodenschluss reichen; sie sinkt später ab.

DAS UPCYCLING-BEET

Eine Variante des einfachen Hochbeets ist unser Upcycling-Beet, ein Hochbeet aus Paletten. Werden ausgediente Europaletten verwendet, so handelt es sich um wirkliches Upcycling und eine sinnvolle Resteverwertung. Ansonsten sind Europaletten auch im Fachhandel, insbesondere in Baumärkten, erhältlich.

PRAKTISCHE PALETTEN

Achten Sie bei der Verwendung von Paletten darauf, dass es sich um unbehandeltes Holz handelt, damit Ihr Gemüse später nicht unnötig mit Chemikalien belastet wird. Ein großer Vorteil von Palettenhochbeeten ist, dass sie recht schnell zu bauen sind, da mit den Europaletten bereits fertige Seitenteile für den Hochbeetrahmen zur Verfügung stehen und nicht mehr eigens angefertigt werden müssen.

UND SO WIRD'S GEMACHT

Stellen Sie die vier Europaletten am vorbereiteten Standort im Viereck auf. Platzieren Sie sie mit der ehemaligen Oberseite nach innen, sodass die Längsseiten waagerecht stehen (dadurch ergibt sich eine rückenfreundliche Hochbeet-Höhe von 80 cm). Um die Paletten verschrauben zu können, müssen sie sich an den Kanten so überlappen, dass später ein Hochbeetrahmen mit den Außenmaßen 120 cm × ca. 149 cm entsteht. Die einzelnen Paletten werden durch Holzschrauben miteinander verbunden; es entsteht ein stabiler Holzrahmen.

DIE FOLIENAUSKLEIDUNG

Das Innere wird wie beim rustikalen Beet (Seite 28) mit einer Noppenfolie ausgekleidet – dann ist das Palettenholz vor Feuchtigkeit geschützt und das Beet hält länger. Bei einer Rahmenhöhe von 80 cm sollte die Folie etwa 90 cm breit sein; die Länge ergibt sich aus der Innenseite des Hochbeetrahmens, zuzüglich 30 cm für die Überlappung. Die Folie wird innen an den Seitenwänden angebracht.

Hierbei ist es zunächst etwas schwierig, das leicht starre Material in den Ecken gerade zu knicken. Mit Hilfe einer Schere kann die Noppenfolie oben eingeschnitten werden; das erleichtert das Knicken und die Folie lässt sich so auch leichter überlappend festtackern. Kleinere Beulen und Falten im unteren Bereich sind grundsätzlich kein Problem, denn wird dieser später mit Erde aufgefüllt, drückt diese die Folie sowieso nach außen an die Palettenwände. Bei Bedarf kann noch ein Handlauf angebracht werden, der die oben überstehende Folie zusätzlich fixiert.

An einem Upcycling-Hochbeet aus Paletten finden sich an den Außenseiten zusätzliche Nischen und „Pflanztaschen“ – wie praktisch!

PALETTENBEET-VARIANTEN

Grundsätzlich kann ein Palettenhochbeet natürlich auch größer gebaut werden. So ergeben sich zum Beispiel bei einer Verwendung von sechs Europaletten Außenmaße von 240 × 149 cm. Damit die dann deutlich längeren Seitenwände eine stabile Fläche ergeben, werden die Paletten für die Seitenteile zunächst auf ebenem Untergrund nebeneinander gelegt und mittels zwei oder drei Holzlatten, die auf der Innenseite angeschraubt werden, fest miteinander verbunden.

Auch das ist möglich: Buntes Paletten-Hochbeet im „Frühlings-Look".

STABILITÄT IST WICHTIG!

Gerade wenn ein großes Hochbeet gebaut wird, ist der Druck, der vom Füllmaterial im Inneren auf die Seitenwände ausgeübt wird, nicht zu unterschätzen! Ist die Erde dann auch noch nass, potenzieren sich diese Kräfte abermals. Es wäre doch schade, wenn das fertige und schon bewachsene Beet aufgrund mangelnder Stabilität bereits nach einigen Wochen „aus den Nähten platzt".

Daher ist bei größeren Hochbeeten besonderes Augenmerk auf die Stabilisierung der Seitenteile zu richten. So kann man zum Beispiel mit einer zusätzlich angebrachten Drahtverbindung zwischen den gegenüberliegenden Seitenwänden ein Auseinanderbiegen beim Befüllen vermeiden. Der Draht solte erst nach der Folie angebracht werden. Am einfachsten verwenden Sie hierzu eine Drahtschlaufe, die um die mittleren Bretter der Paletten geschlungen wird. Durch Verdrillen des Drahtes kann dann vor dem vollständigen Befüllen eine leichte Vorspannung erzeugt werden.

HOCHBEET MIT „ANBAUTEN"

Die Verwendung von Paletten für den Bau eines Hochbeets bringt auch hinsichtlich der Gestaltung einen weiteren Vorteil: Bei Bedarf können die Außenseiten unseres Palettenhochbeets zusätzlich als Halterungen für Blumenkästen verwendet werden. Hierzu müssen Sie lediglich an den entsprechenden Stellen passende Bretter als Boden für die Kästen anschrauben. Die Blumenkästen können dann passend zum Hochbeet bepflanzt werden, zum Beispiel mit würzigen Kräutern oder blühenden Sommerblumen.

PALETTENHOCHBEET – AUS ALT MACH NEU!

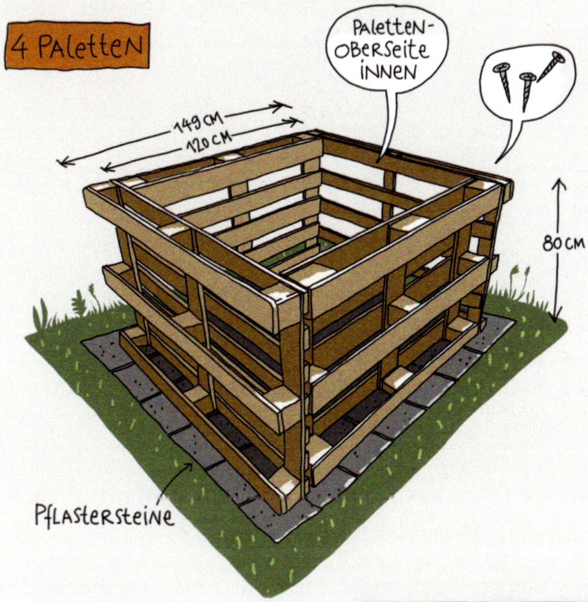

ZEIT 2–4 Stunden

BAU leicht

MATERIAL

- 4 Europaletten, 120 × 80 cm
- diverse Holzschrauben
- Noppenfolie

WERKZEUG

- Akkuschrauber
- Tacker oder Hammer

DAS FASS-BEET

Besonders geformte Hochbeete lassen sich mit einer speziellen Bauweise konstruieren: dem Fass-Prinzip. Vom Zylinder bis zur Ellipse ist hier alles an Formen möglich; Ihrer Kreativität sind kaum Grenzen gesetzt. Bei dieser Bauweise machen wir uns das alte Prinzip zunutze, das bei der Konstruktion von Holzfässern zum Einsatz kommt.

DAS FASS-PRINZIP

Beim Bau von Holzfässern werden die senkrechten Dauben, das sind die gebogenen Seitenbretter des Fasses, durch äußere Stahlbänder zusammengehalten, die erheblichen Druck aushalten. Für unser Hochbeet verwenden wir Holzlatten, die außen mit Stahllochbändern aus dem Baustoffhandel fixiert werden. Auf diese Weise entsteht zunächst eine Zylinderform, die einem Fass ohne Boden ähnelt. Werden noch zusätzliche Verstrebungen im Beetinneren angebracht, lässt sich dieser Hochbeettyp bei Bedarf in verschiedene Formen bringen: oval, birnen- oder eiförmig.

Geschwungene Hochbeet-Formen lassen sich am besten in der „Fassbauweise" realisieren; auch hier ist die Anbringung eines Schneckenschutzbandes ratsam.

UND SO WIRD'S GEMACHT

Die Latten werden nebeneinander auf einen ebenen Untergrund gelegt. Je nach Lattenstärke und späterem Außenradius sollte jeweils ein Spalt von ungefähr einem Schraubendurchmesser zwischen den einzelnen Latten gelassen werden, um beim späteren Aufstellen den gewünschten Bogen herstellen zu können, ohne dass sich die Latten gegeneinander verkanten und behindern.

DIE HOLZLATTEN MITEINANDER VERBINDEN

Nun werden an den einzelnen Latten die Stahllochbänder mit Holzschrauben befestigt; jeweils zwei Schrauben pro Latte und Lochbandabschnitt. Bei breiteren Latten und unebenem Aufstellort empfehlen wir jedoch drei Schrauben pro Latte und Bandabschnitt, um ein späteres Verdrehen der Latten zu minimieren.

Bei einer Lattenlänge von 60 cm wird ein Lochband 15 cm unter dem oberen Lattenrand und ein weiteres 15 cm über dem unteren Lattenrand angeschraubt; das dritte Stahllochband wird in der Lattenmitte angebracht. An den Seiten darf das Lochband etwa 2 cm überstehen, um das Ganze später zu einem Kreis oder zu einer anderen Form verbinden zu können.

KONSTRUKTIVER HOLZSCHUTZ

Sind sämtliche Latten auf der vollen Länge der Stahllochbänder mit Schrauben fixiert, kann das Hochbeet aufgestellt werden. Wenn der spätere Standort auf einer ebenen Stein- oder Asphaltfläche liegt, kann zusätzlich ein konstruktiver Witterungsschutz angebracht werden. Hierzu werden an der späteren Unterseite Holzschrauben 1 cm tief mittig in die Stirnseiten der Latten geschraubt; so hat das Lattenholz nach dem Umdrehen später 3 cm Abstand zum

Untereinander fixiert werden die einzelnen Latten am besten, wenn sie möglichst flach auf dem Boden liegen.

Boden und kann nach Regen oder Nässe durchs Gießen wieder vollständig abtrocknen. Hierdurch wird die Haltbarkeit der Holzlatten entscheidend verlängert.

DAS BEET FORMEN

Haben Sie einen Lattenrahmen in der entsprechenden Größe angefertigt, das heißt die liegenden Holzlatten auf der späteren Außenseite mit den Stahllochbändern fixiert, kann das Beet am gewünschten Standort aufgestellt werden.

Dazu werden die mit dem Stahllochband verbundenen Latten kreisartig aufgestellt, sodass sich ein fassartiger Zylinder bildet. Die an den Rändern überstehenden Stahllochbänder werden überlappend festgeschraubt, also ein stabiler Kreis hergestellt. Der so entstandene Hochbeetrahmen wird an den Aufstellungsort gebracht und von innen mit einer Kunststoffnoppenfolie ausgekleidet.

MIT FOLIE AUSKLEIDEN

Die Noppenfolie wird auf die erforderliche Breite geschnitten; sie sollte etwa 5 cm höher als der hölzerne Hochbeetrahmen sein. An der unteren Seite der Folie werden mit der Schere alle 15 cm etwa 10 cm tiefe Einschnitte gemacht, damit sich die Folie besser an die Fassform anpassen lässt. An der Oberseite wird die Folie etwa alle 10 cm am Holzrahmen festgetackert. An den Seiten darf sich die Folie ungefähr 30 cm überlappen; der Rest wird abgeschnitten.

MIT KANTENSCHUTZ

Um die Oberkante des Hochbeetrahmens vor Witterungseinflüssen und Gießwasser zu schützen, bringen Sie an der Oberseite ein Stück Gartenschlauch an. Dieser dient auch als optischer Abschluss der oberen Hochbeetkante. Hierzu ein Stück Gartenschlauch auf den dem Hochbeet entsprechenden Umfang schneiden und mit einem scharfen Messer oder einer Schere der Länge nach aufschlitzen. Nun kann der geschlitzte Schlauch über die obere Kante des Hochbeetrahmens geschoben werden. Normalerweise hält der Schlauch durch die eigene Vorspannung; an schwierigen Stellen und an den Enden kann der Schlauch auch mit Schrauben gesichert werden.

DER WASSERABLAUF IM UNTERGRUND

Steht das Beet auf einer gepflasterten Fläche, können Sie zum besseren Ablauf überschüssigen Gieß- oder Regenwassers innerhalb des Hochbeetrahmens einzelne Pflastersteine entfernen; dies ist aber nicht zwingend notwendig. Bei geschlossener Asphaltdecke ist eine entsprechende Drainage durch Bohrungen ohnehin oftmals nicht möglich.

DIE FÜLLUNG

Nun wird das Hochbeet wie gewohnt gefüllt: zuunterst starker Astschnitt oder grobe Holzschnitzel, darauf feinerer Astschnitt, dann frischer Kompost, Laub oder Rasenschnitt, schließlich reifer Kompost oder humose Gartenerde. Zum Schluss fein gesiebter Reifekompost oder Pflanzerde aus dem Fachhandel – und schon kann das Beet bepflanzt werden.

Zum besseren Witterungsschutz wurde der obere Abschluss der Latten mit einem aufgeschnittenen Gartenschlauch versehen.

FASS-HOCHBEET – EINE RUNDE SACHE

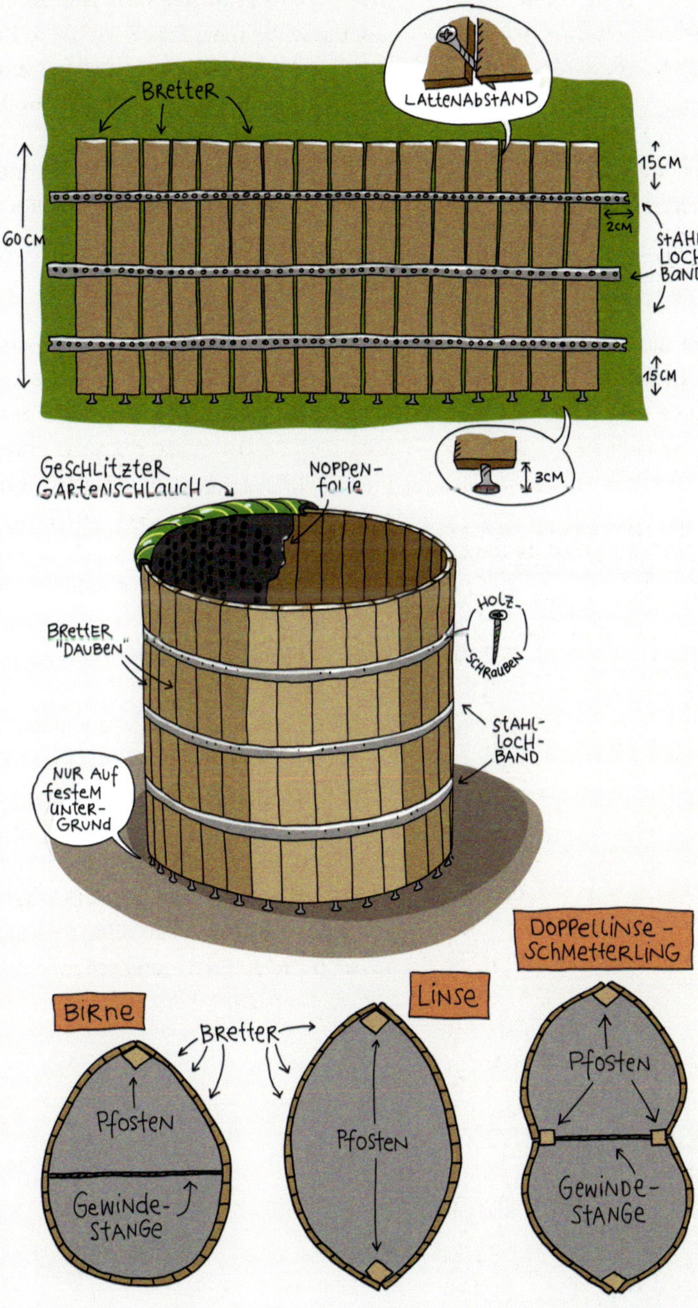

ZEIT 6–8 Stunden

BAU mittelschwer

MATERIAL

- 50 Holzlatten, 6 × 1,8 × 60 cm
- Stahllochband, 10 m
- 300 Holzschrauben, 3,5 × 16 mm (für die Stahllochbänder)
- 50 Holzschrauben, 4 × 40 mm (als Abstandshalter auf festem Grund)
- Gartenschlauch, 3,2 m
- Noppenfolie, 3,4 × 0,7 m

WERKZEUG

- Akkuschrauber
- Tacker

DAS HÜGELBEET

Das Hügelbeet ist sozusagen die Urform eines Hochbeets und gleichzeitig auch die preisgünstigste Variante. Im Prinzip handelt es sich dabei um einen rechteckigen Graben oder Aushub, der mit organischem Material wie Holzschnitt und Kompost, welches meist als „Gartenabfall“ gilt, aufgefüllt und später mit dem Aushub wieder bedeckt wird.

FÜLLMATERIAL SAMMELN

Zur Anlage eines Hügelbeets benötigt man lediglich genügend Platz und einige Muskelkraft für den Aushub und das Herbeischaffen und Zerkleinern des Füllmaterials. Um übergroßen Muskelkater zu vermeiden, empfehlen wir Ungeübten, die Realisierung des Hügelbeetprojekts auf mehrere Tage zu verteilen. Das Füllmaterial kann auch über einige Wochen mit dem ohnehin anstehenden herbstlichen Gehölzschnitt vorbereitet werden. Da bei einem Hügelbeet auf stützende Außenwände gänzlich verzichtet wird, entstehen weder zusätzliche Kosten noch Arbeitsaufwand für deren Vorbereitung und Zusammenbau.

HÜGELBEETE BRAUCHEN PLATZ

Größere Hügelbeete können auch in Bogenform angelegt werden. So erhält man bei Südausrichtung der Bogeninnenseite einen natürlichen Sonnen- und Wärmefang. Die Erhöhung der Pflanzfläche ergibt sich aus der Menge des verwendeten Füllmaterials und dem Schüttkegel des darauf angehäuften Aushubs. Aufgrund seiner Struktur und seines Aufbaus brauchen Sie für ein Hügelbeet ausreichend Platz. Es eignet sich insbesondere für mittelgroße und größere Gärten; ist nur wenig Freiraum vorhanden, empfehlen wir eher ein klassisches Hochbeet.

UND SO WIRD'S GEMACHT

Das Füllmaterial liefert, ähnlich wie bei Hochbeeten, in den folgenden Jahren bei seiner Zersetzung durch Kleintiere und Mikroorganismen die notwendigen Nährstoffe für das üppige Wachstum der angebauten Pflanzen. Durch die hügelartige Bedeckung des Füllmaterials mit dem Aushub entsteht im Querschnitt eine Kegelform, wodurch die Pflanzfläche vergrößert wird. Unsere Hügelbeete sind in Ost-West-Richtung angelegt. Hieraus ergibt sich eine stärker besonnte Südseite und eine etwas schattigere Nordseite. Dem tragen wir durch eine entsprechende Bepflanzung Rechnung: Höher wachsende und weniger Sonne benötigende Pflanzen kommen auf die Nordseite; lichtliebende, sonnenhungrige Pflanzen finden sich eher auf der Südseite.

Kräftig wachsende Gemüsearten wie Topinambur und Tomatillo finden auf einem Hügelbeet beste Bedingungen.

DIE VORBEREITUNG

Haben Sie sich für ein Hügelbeet in Ihrem Garten entschieden, den geeigneten Platz dafür gefunden und ausreichend Material für die Befüllung herbeigeschafft, kann es losgehen! Am besten wird die gewünschte Hügelbeetfläche vorher abgemessen und markiert; so bekommt man im Vorfeld einen ersten Eindruck von der späteren Größe und Lage. Der Sonnenlauf und der etwaige Schattenwurf durch umstehende Gehölze kann so besser bedacht werden. Auch die optische Wirkung im Zusammenspiel mit dem übrigen Garten lässt sich klarer einschätzen und Sie können die Ausrichtung und Lage gegebenenfalls noch ändern.

DER AUSHUB

Um den umgebenden Untergrund zu schonen, legt man direkt neben die vorgesehene Hügelbeetfläche eine Plane, auf welcher der Aushub zwischengelagert wird. Soll das Hügelbeet auf einer Wiese oder Rasenfläche angelegt werden, die Grassoden gesondert lagern; sie bilden später umgedreht die oberste Schicht der Füllung. Nun wird die markierte Fläche etwa 60 cm tief ausgegraben; dies entspricht etwa zwei Spatenhöhen. Für unser erstes Hügelbeet wählten wir 1,20 m Breite und 3 m Länge. Im zweiten Jahr haben wir das Beet in leichter Bogenform um 2 m verlängert.

Auch eine bunte Mischung aus Blumen und Gemüse steht dem Hügelbeet gut; dichter Bewuchs verhindert ein Wegschwemmen der Erde beim Gießen.

DIE FÜLLUNG

Die Füllung gestaltet sich nach dem zur Verfügung stehenden Material. Am besten greift man hierbei auf ohnehin vorhandenes Schnittgut aus dem eigenen Garten zurück. Grundregel hierbei ist: Dickere Äste nach unten, dünnere nach oben!

Der Gehölzschnitt sollte möglichst eng geschichtet werden, um größere Hohlräume zu vermeiden. Diese könnten sich ansonsten schnell mit später nachrutschendem Material füllen und das mühsam gebaute Hügelbeet würde unnötig verflachen. Dann folgt jüngerer Kompost und Rasenschnitt und darauf reifer Kompost. Man kann größere Lücken in der unteren Gehölzschichtung auch mit etwas jungem Kompost, Laub oder Rasenschnitt ausfüllen und so eine dichtere Schichtung erreichen.

Nun folgen die zu Beginn des Aushubs ausgestochenen Grassoden; sie werden umgedreht auf unsere bisherigen Schichtungen gelegt und mit Schaufel oder Spaten festgeklopft. Das Umdrehen der Grassoden ist essenziell, da Graswurzeln hartnäckig sind und das Gras ansonsten erneut austreiben und auf unserem neuen Hügelbeet unnötig Arbeit verursachen könnte.

Als finale Schicht wird nun der restliche Erdaushub kegelförmig auf dem Hügelbeet verteilt. Soll auf dem Beet im Anschluss ausgesät werden, noch eine Schicht aus Mutterboden und gesiebtem, reifem Kompost (Verhältnis 1:1) darübergeben – fertig!

HÜGELBEET – DER URTYP

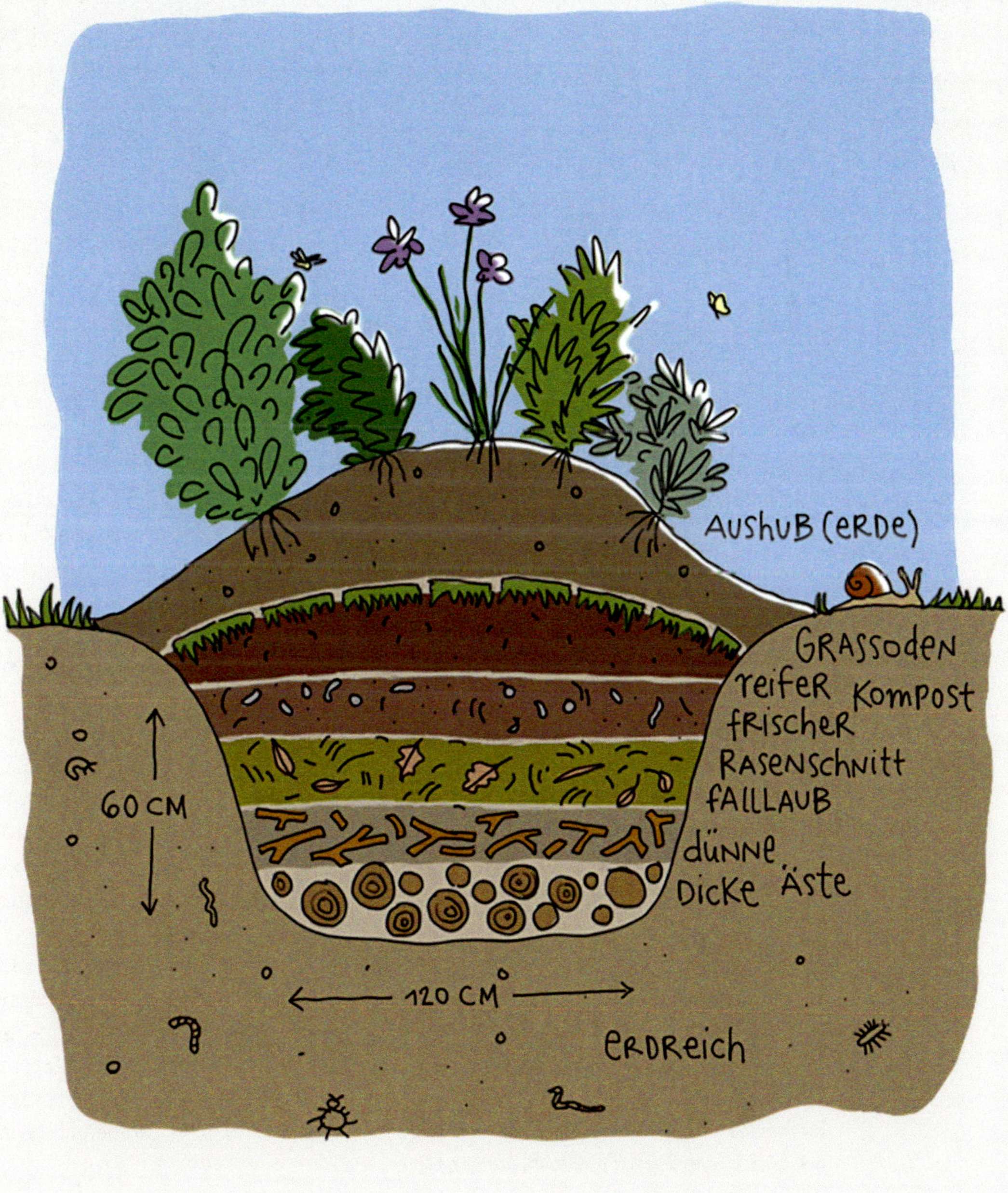

FÜLLUNG & SCHICHTUNG

Das Herzstück eines klassischen Hochbeets besteht aus einer größeren Menge an grobem Schnittgut, Ästen und Ähnlichem in seinem Inneren. Insbesondere wenn Sie später Gemüse und Salate anbauen möchten, die eine gute Nährstoffversorgung brauchen, ist eine sorgfältige Aufschichtung des Materials im Beet-Untergrund außerordentlich wichtig.

PRAKTISCHE ENTSORGUNG

Häufig ist der Herbst, wenn Bäume und Sträucher geschnitten werden und viel derartiges Material anfällt, ein günstiger Zeitpunkt für die Neuanlage eines Hochbeets und gleichzeitig haben Sie Äste- und Blätterberge sinnvoll und praktisch „entsorgt". Außerdem ist das auch wesentlich preisgünstiger, als wenn Sie den kompletten Beetkorpus mit gekaufter Gartenerde auffüllen müssten. Ein weiterer Vorteil einer Hochbeet-Anlage im Herbst: Über den Winter kann sich das aufgestapelte Material in seinem Inneren setzen. Einer winterlichen Nutzung durch den Anbau von Feldsalat oder Ähnlichem steht das nicht im Wege. Im Frühjahr, bevor die Gartensaison dann richtig startet, füllen Sie gegebenenfalls noch fehlendes Substrat oben auf.

SCHICHT UM SCHICHT

Der Innenaufbau eines typischen Hochbeets erfordert schon etwas Zeit und Körpereinsatz, ein solches Beet lohnt sich aber durchaus im Hinblick auf die zahlreichen Vorteile. Mit der Befüllung eines Hochbeets für Gemüse gehen Sie folgendermaßen vor. Zunächst füllen Sie als unterste Schicht grob zerkleinertes Material, wie Äste (bis etwa Armdicke), Zweige, Reisig, Baumstubben vermischt mit grobem und feinerem Holz- und Gartenhäckselgut hinein.

GROBES MATERIAL ZUERST

Diese unterste Schicht erfüllt die Funktion einer Drainage, da sie viele Hohlräume aufweist, die für einen ungehinderten Wasserabfluss sorgen. Außerdem wird in den Hohlräumen Luft gespeichert – lebenswichtig für die Bodenlebewesen, damit sie ihre Aufgabe zufriedenstellend ausführen können. Diese besteht darin, die Bestandteile der untersten Schicht zu Kompost umzuwandeln, wobei Wärme und reichlich Nährstoffe freigesetzt werden. Sind die Hohlräume zwischen dem Astmaterial allerdings zu groß, läuft das Wasser zu schnell ab und die Pflanzen auf dem Beet leiden unter Trockenheit. Daher gilt: Die Äste-Zweige-Schicht durch Zusammendrücken verdichten! Die nächste Schicht besteht aus grob zersetztem, halbreifem Kompost, Stroh, Grasschnitt und Laub. Auch alle diese Schichten sollten möglichst gut verdichtet, das heißt zum Beispiel mit der flachen Seite von Schaufel oder Spaten festgedrückt werden. Wir nutzen diese Phase der Hochbeetfüllung auch kurzzeitig als Trampolin oder Tanzfläche; das führt zu einer stärkeren Verdichtung und macht Spaß!

RASENSODEN & CO.

Wird das Hochbeet auf einer Rasenfläche errichtet, folgen als weitere Lage die anfangs ausgehobenen Grassoden mit der Grasseite nach unten. Ist das nicht der Fall, wird die ausgehobene Muttererde daraufgegeben.

DIE LETZTE SCHICHT

Als Letztes wird eine Mischung aus Mutterboden und Feinkompost (durchgesiebter reifer Kompost) im Verhältnis 1:1 aufgefüllt. Diese Schicht ist das Substrat, in welches die Pflanzen später eingesetzt werden. Gießen Sie das Beet nach dem Befüllen mehrmals gut an. Die komplette Füllung darf ruhig so hoch sein, wie der obere Rand des Hochbeetes, denn in den nächsten Tagen und Wochen wird sie noch ein gutes Stück sinken, wenn das Material im Inneren etwas zusammensackt.

Jetzt ist nochmal Körpereinsatz gefragt: Als eine der letzten Schichten kommt eine Mischung aus Mutterboden und gesiebtem Kompost ins Hochbeet.

Wird das Hochbeet im Herbst gebaut bzw. befüllt, kann dabei eine Menge anfallendes Falllaub gleich ganz praktisch „entsorgt“ werden.

ALTERNATIVE ZUR SCHICHTUNG

Fehlen Ihnen die benötigten Materialien für das Innenleben eines Hochbeets? Was in einem Garten erfreulicher Nebeneffekt ist – die Entsorgung anfallenden organischen Materials – wird in einem anderen zum Problem: Insbesondere kleine Gärten im städtischen Raum verfügen häufig nicht über die erforderliche Menge an Ästen, Blättern, Zweigen, die zur Befüllung nötig sind. Alternativ können Sie ein Hochbeet auch nur mit Erde oder im Fachhandel erhältlichem Substrat befüllen.

Das hat den Vorteil, dass die erstmalige Befüllung schneller und weniger aufwendig vonstattengeht und sich die regelmäßige Erneuerung des Innenlebens, die bei einem klassischen Hochbeet alle paar Jahre fällig ist, erübrigt oder zumindest die notwendige Auffüllung nach hinten verschiebt. Ein Nachteil hingegen ist, dass man bei einer reinen Erde-Füllung auf den „Hochbeet-Effekt" verzichtet, der aus der Zersetzung des organischen Materials im Inneren des Beets resultiert: Der, wenn auch geringe, anfängliche Selbsterwärmungseffekt und die „automatische" Düngung durch die Arbeit der Mikroorganismen können nicht entstehen. In diesem Fall müssen die auf dem Beet angebauten Gemüsekulturen ähnlich wie auf einem Bodenbeet entsprechend ihren Nährstoffansprüchen regelmäßig gedüngt werden.

WELCHE ERDE FÜR DAS HOCHBEET?

Wollen Sie Ihr Hochbeet nur mit Erde befüllen, ist es dennoch empfehlenswert, mit zwei Schichten zu arbeiten. Zuunterst sollte auch hier eine Drainageschicht eingefüllt werden, die einen guten Wasserabzug garantiert und die Entstehung von Staunässe im Beet verhindert. Diese Schicht kann bis zu 30 cm hoch sein, je nach Höhe des Beets. Als Material hat sich eine Mischung aus Kies, grobem Schotter, Steinen, Blähtonkügelchen, Erde mit Kokosfasern und Ähnliches bewährt. Keinesfalls sollten Sie Torf oder torfhaltige Substrate verwenden – sie sorgen für eine unerwünschte und unnötige Versauerung der Erde und begünstigen eine klimaschädliche Zerstörung ökologisch wertvoller Moore. Als zweite Schicht füllen Sie dann eine handelsübliche Standarderde, zum Beispiel Pflanzerde für Gemüse oder Kräuter, auf.

STAUDEN-HOCHBEET

Wollen Sie Ihre Hochbeete nicht mit Gemüse, sondern mit Kräutern und dauerhaften Blütenstauden bepflanzen, können Sie ebenfalls auf eine Schichtung verschiedener organischer Materialien verzichten, denn diese Pflanzen benötigen deutlich weniger Nährstoffe als ihre Kollegen aus dem Gemüsebeet. Die beschriebene Drainageschicht empfehlen wir Ihnen allerdings auch hier. Um zu verhindern, dass die später eingefüllte Erde mit dem Gieß- und Regenwasser nach unten weggeschwemmt wird und die Drainageschicht verstopft, können Sie ein handelsübliches Gärtnervlies über die Schotterschicht legen, bevor Sie Erde obendrauf füllen.

KLETTER- & RANKHILFEN

Der in einem Hochbeet zur Verfügung stehende Platz ist naturgemäß begrenzt und folglich kostbar. Die Menge der anbaubaren Pflanzen lässt sich jedoch durch Kletter- und Rankhilfen erheblich vergrößern. Dadurch kann ein Teil der Pflanzentriebe von der Beetfläche weg und an deren Außenseiten oder in die Höhe geleitet werden.

Stangenbohnen sind optimal, um mit Hilfe einer am Beetrand angebrachten Rankhilfe nach außen geleitet zu werden.

AUSREICHEND LICHT FÜR ALLE

Zu Beginn ihres Wachstums benötigen die Jungpflanzen zunächst wenig Standraum, denn aufgrund ihrer geringen Größe machen sie sich den Platz an der Sonne kaum streitig. Setzt aber das rasante Wachstum ein – nicht zuletzt aufgrund der guten Nährstoffversorgung im Hochbeet – kann die damit einhergehende Lichtkonkurrenz zu wechselseitiger Behinderung führen und so das weitere Wachstum der Einzelpflanzen hemmen. Hier können Pflanzenstützen helfen, indem sie die Wuchsrichtung der sich entwickelnden Pflanzentriebe in die Höhe und über den Hochbeetrand hinaus begünstigen. So können die Pflanzen einen wesentlich größeren Raum zum Einfangen der zum Wachstum notwendigen Sonnenstrahlen nutzen. Die grundsätzlich zur Verfügung stehende Nutzfläche kann auf diese Weise nahezu verdoppelt werden.

Werden viele Rankhilfen und Ähnliches gebaut, lohnt sich der Einsatz einer sogenannten „Ziehbank“ – dann geht die Arbeit zügig und praktisch voran.

PFLANZEN UMLEITEN

Sie können zum Beispiel Pflanzen mit üppigem Blattwachstum wie Zucchini an den Beetrand setzen und deren Wuchsrichtung mit Pflanzenstützen über den Hochbeetrand hinaus lenken. Selbst Tomaten, Tomatillos und Pflanzen ähnlicher Wuchsart kann durch „Umlenkung“ ihrer Wuchsrichtung zu mehr Platz, Licht und Luft verholfen werden. Bei einer engen Bepflanzung ist jedoch stets darauf zu achten, dass die untere Blattentwicklung begrenzt wird. Die bodennahen Blätter sollten gelichtet werden, damit genügend Luft und Sonnenstrahlen auch an den unteren Bereich der Pflanzen gelangt. So wird Pilz- und Schimmelbildung vorgebeugt, eine zielgenaue Bewässerung erleichtert und trotz der kompakten Bepflanzung ein gesundes Wachstum ermöglicht.

GEMÜSE IN DER VERTIKALEN

Stangenbohnen und Klettergurken schlingen und ranken sich naturgemäß sowieso an einer Kletterhilfe nach oben. Mithilfe einer geeigneten Unterstützung werden sie nach oben und über den Rand des Hochbeets geleitet, wodurch der auf dem Beet zur Verfügung stehende Raum erheblich vergrößert wird.

CLEVER BAUEN TIPP

Für den Bau von Pflanzenstützen und Rankhilfen eignen sich etwa daumendicke, gerade gewachsene Äste von Haseln oder ähnlichen Sträuchern. Sie werden unten angespitzt und auf die jeweils passende Länge zugeschnitten.

ANBAUEN & GLÜCKLICH SEIN

Ideale Beetnachbarn – Tolle Beete – Schlaue Kombinationen

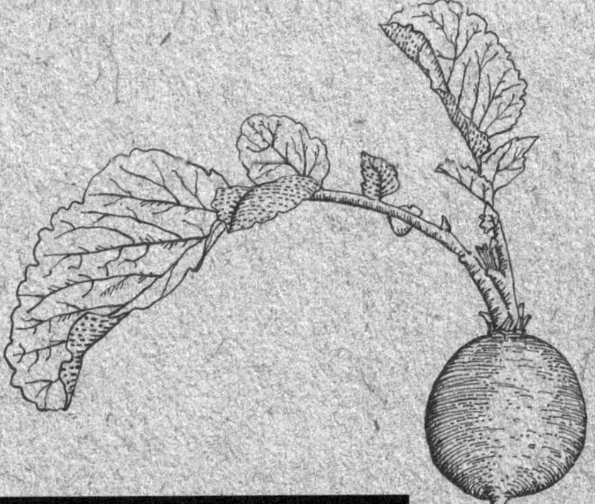

INHALT

SCHLAU KOMBINIERT: MISCHKULTUR

Ist Ihnen das auch schon passiert: Die Pflanzen im Gemüsegarten wachsen nicht richtig, entwickeln nur wenige oder gar keine Blüten, leiden vermehrt unter Krankheits- und Schädlingsbefall und die Ernte fällt spärlich aus? Der Grund dafür kann sogenannte Bodenmüdigkeit sein.

DIE NATUR MACHT'S VOR

Unter Bodenmüdigkeit versteht man mangelhaftes oder kümmerliches Pflanzenwachstum aufgrund eines ausgelaugten, erschöpften Bodens. Um dem vorzubeugen, haben clevere Gärtner das Prinzip der Mischkultur entwickelt bzw. der Natur abgeschaut. Denn dort finden sich selten große Bestände einer einzigen Pflanzenart – meistens wachsen verschiedene Arten mit- und nebeneinander. Davon inspiriert kombiniert ein Anbau nach dem Prinzip der Mischkultur unterschiedliche Gemüse, Blumen und Kräuter nebeneinander auf einem Beet oder miteinander in einer Reihe, und das bringt gleich mehrere Vorteile!

DIE MISCHUNG BRINGT'S!

So „beschützen" beispielsweise Pflanzenpartner, die sich nach dem Prinzip der Mischkultur begünstigen, durch ihren arttypischen Geruch die Nachbarpflanze vor deren Fressfeinden. Bei anderen Pflanzenarten sind es wahrscheinlich Wurzelausscheidungen, die das Wachstum des Partners positiv beeinflussen, und wer weiß, vielleicht „mögen" bestimmte Beetpartner sich einfach besonders gern?

DEN PLATZ OPTIMAL NUTZEN

Ein weiterer Vorteil eines Mischkultur-Anbaus ist, dass Sie mithilfe einer Kombination verschiedener Pflanzenarten auf einem Beet den vorhandenen Platz optimal ausnutzen können. Insbesondere als Besitzer eines Hochbeets, sofern dieses nicht riesige Dimensionen hat, werden Sie diesen Aspekt sehr schätzen. Kombinieren Sie zum Beispiel schlanke Lauchpflanzen, die nur wenig Platz und weniger Licht beanspruchen, mit ausladenden Tomatenpflanzen, dann kommen beide Beetpartner auf ihre Kosten und fördern sich auch noch gegenseitig.

OPTIK TIPP

Unsere Empfehlung für ein optisch und pflanzenbaulich hervorragendes Mischkultur-Duo: Buntstieliger Mangold und Ringelblumen. Dieses farbenprächtige und attraktive Paar fördert sich gegenseitig in Wachstum und Gesundheit!

Auf einem Beet, auf dem die Pflanzen nach dem Mischkultur-Prinzip wachsen, gedeiht meist alles üppig und gesund.

SCHNELL & LANGSAM WACHSEND

Beziehen Sie auch die unterschiedliche Dauer, die die verschiedenen Gemüsearten brauchen, bis sie erntereif sind, in Ihre Mischkultur-Planungen mit ein. Ein ideales Paar sind zum Beispiel frühe Blumenkohlsorten, die eine kurze Vegetationszeit haben, und langsam wachsender Sellerie. Während der Blumenkohl heranwächst, beansprucht der Sellerie noch nicht viel Platz auf dem Beet. Braucht er nach einigen Wochen mehr Standraum, ist der Blumenkohl bereits reif und wird geerntet.

GUTE NACHBARN – SCHLECHTE NACHBARN

Wer zum ersten Mal einen Blick auf ein Mischkulturbeet wirft, bekommt vielleicht den Eindruck, dass die Gemüsepflanzen hier chaotisch durcheinander wachsen – ganz anders, als man das von „ordentlichen" Gemüsebeeten kennt. Das Ganze hat jedoch System: Das gezielte Zusammenpflanzen verschiedener Arten bringt viele positive Effekte mit sich. Ein besonders wichtiger ist die Einsparung von chemischen Pflanzenschutzmitteln: Gut

Tolle Mischkulturpartner, die gerne zusammen wachsen, sind Kopfsalat und Kohlrabi – probieren Sie es doch einfach mal aus!

zusammenpassende Pflanzpartner vertreiben gegenseitig die Schädlinge. Dabei garantiert ein Mischkulturbeet natürlich nicht die totale Abwesenheit jeglicher Schädlinge, ist jedoch ein effizienter Baustein auf dem Weg zu einem gesunden und ertragreichen Garten und macht so das Gärtnerleben um einiges leichter.

NICHT JEDER MAG JEDEN ...

Doch aufgepasst: Auch im Gemüsebeet herrschen nicht nur freundliche und einvernehmliche nachbarschaftliche Beziehungen! Neben den „optimalen" Partnern gibt es auch Arten, die sich gegenseitig in ihrer Wüchsigkeit und Gesundheit eher hemmen und unterdrücken als befördern. Kartoffeln und Erbsen beispielsweise mögen sich gar nicht, ebenso wie Dill und Basilikum, Kopfkohl und Kresse. Daher ist es sinnvoll, vor der Beetplanung einen Blick in unsere Mischkulturtabelle (Seite 54/55) zu werfen.

„FAMILIÄRE" UNVERTRÄGLICHKEITEN

Auch die Verwandtschaftsverhältnisse der Pflanzen spielen eine Rolle, um ein gutes Miteinander auf dem Hochbeet zu gewährleisten. Wurde zum Beispiel ein Mitglied der Familie der Kreuzblütler wie Rotkohl angebaut, sollte im Folgejahr kein weiterer Verwandter auf dem Beet wachsen. Weitere Familien sind zum Beispiel die Nachtschattengewächse wie Tomaten und Kartoffeln oder die Doldenblütler wie Dill, Möhren, Petersilie und Fenchel.

GEDEIHLICHES MITEINANDER

Eine Kombination aus verschiedenem Gemüse, Kräutern und vielleicht sogar Blumen auf einem Hochbeet macht dieses auch zu einem attraktiven Blickfang im Garten. Allein schon die unterschiedlichen Formen der einzelnen Pflanzenarten – breitblättrig, schmallaubig, aufrecht, breit oder niedrig wachsend – bringen reizvolle Abwechslung ins Beet. Ebenso passen flach- und tiefwurzelnde Partner gut nebeneinander, da sich ihre Wuchseigenschaften ergänzen. Bekommt eine nährstoffzehrende Kultur einen genügsamen Beetpartner, müssen die beiden nicht um Nährstoffe konkurrieren – es entsteht ein harmonisches Miteinander.

NAH BEISAMMEN

Da es bei vielen Pflanzen die artspezifischen Duftstoffe sind, die zum Beispiel die Schädlinge der Nachbarart vertreiben, funktioniert das Ganze umso besser, wenn sich das Hochbeet an einem windgeschützten Platz befindet. Da die Pflanzen auf einem Hochbeet sowieso relativ nah beieinander wachsen, klappt es mit dem gegenseitigen Beschützen hier unseren Erfahrungen nach besonders gut.

IDEALE PAARE

Möhren und Zwiebeln sind ein prima Paar, denn Möhrenfliegen werden vom kräftigen Zwiebelduft abgeschreckt und die Zwiebelfliege kann das Aroma des Möhrenkrauts „nicht riechen". Ähnlich unappetitlich wirkt auch der Duft von Kerbel auf Blattläuse am Salat oder Dillaroma inmitten von Kohlgewächsen, welches lästige Erdflöhe aus der Kohlkultur vertreibt. Das feine, aber intensiv verzweigte Wurzelgeflecht des Dills verbessert außerdem die Nährstoffaufnahme des Kohls aus dem Boden. Ähnliche Vorzüge hat auch Spinat zu bieten: Benachbarten und nachfolgenden Gewächsen erleichtert er die Aufnahme von Nährstoffen, weshalb er bei verschiedenen Mischkultursystemen sogar als Gründüngung angebaut wird.

AUF GUTE NACHBARSCHAFT

Damit Sie bei Ihrer Anbauplanung gleich wissen, wer sich mit wem gut verträgt und welche Gemüsearten besser nicht nebeneinander gepflanzt werden, werfen Sie vorab einen Blick in unsere Mischkultur-Tabelle. Die Angaben zum Nährstoffbedarf der einzelnen Kulturen helfen Ihnen außerdem dabei, die Pflanzenzusammenstellungen auf das jeweilige Nährstoffangebot im Beet abzustimmen.

	GUTE NACHBARN	SCHLECHTE NACHBARN	PFLANZENFAMILIE	NÄHRSTOFFBEDARF
Andenbeeren	Bohnen, Salat	Kartoffeln, Tomaten, Tomatillo	Nachtschattengewächse	mittel
Bohnen	Andenbeeren, Kohlrabi, Mairüben, Radieschen, Salat, Spinat, Tomatillo	Erbsen, Knoblauch, Zwiebeln	Schmetterlingsblütler	gering
Erbsen und Zuckerschoten	Kohlrabi, Mairüben, Möhren, Radieschen, Salat	Bohnen, Kartoffeln, Knoblauch, Tomaten, Zwiebeln	Schmetterlingsblütler	gering
Erdbeeren	Feldsalat, Knoblauch, Lauch, Salat, Spinat, Zwiebeln	Kartoffeln, Kohl	Rosengewächse	mittel
Feldsalat	Erdbeeren, Kohlrabi, Radieschen, Zwiebeln	Kohl	Baldriangewächse	gering
Gurken	Bohnen, Erbsen und Zuckerschoten, Kohl, Kohlrabi, Lauch, Rote Bete, Salat, Sellerie, Zwiebeln	Radieschen, Rettich, Tomaten	Kürbisgewächse	hoch
Kartoffeln	Erdbeeren, Knoblauch, Kohlrabi, Spinat	Andenbeeren, Erbsen und Zuckerschoten, Tomaten, Tomatillo, Zwiebeln	Nachtschattengewächse	hoch
Knoblauch	Erdbeeren, Kartoffeln, Möhren, Salat, Tomaten	Bohnen, Erbsen und Zuckerschoten	Lauchgewächse	mittel bis schwach
Kohlarten	Bohnen, Erbsen und Zuckerschoten, Kartoffeln, Salat, Spinat, Tomaten, Zwiebeln	Erdbeeren, Feldsalat, Kresse, Mairüben, Radieschen, Rucola, Stielmus	Kreuzblütler	hoch
Kohlrabi	Bohnen, Erbsen und Zuckerschoten, Feldsalat, Kartoffeln, Salat, Sellerie, Spinat, Tomaten, Zwiebeln	Kresse, Mairüben, Radieschen, Rucola, Stielmus	Kreuzblütler	mittel
Kresse	Salat	Kohlrabi, Mairüben, Radieschen, Rucola, Stielmus	Kreuzblütler	gering
Kürbis	Bohnen, Erbsen und Zuckerschoten, Kohlrabi, Zwiebeln	Gurken, Zucchini	Kürbisgewächse	hoch
Lauch	Erdbeeren, Kohl, Kopfsalat, Möhren, Sellerie, Tomaten	Bohnen, Erbsen und Zuckerschoten, Rote Bete	Lauchgewächse	hoch bis mittel

	GUTE NACHBARN	SCHLECHTE NACHBARN	PFLANZENFAMILIE	NÄHRSTOFFBEDARF
Mairüben	Bohnen, Erbsen und Zuckerschoten, Mangold, Salat	Kohlrabi, Kresse, Radieschen, Rucola, Stielmus	Kreuzblütler	gering
Mangold	Bohnen, Mairüben, Möhren, Radieschen	Spinat	Gänsefußgewächse	mittel
Möhren	Erbsen und Zuckerschoten, Knoblauch, Mangold, Radieschen, Salat, Schnittlauch, Tomaten, Zwiebeln	Sellerie	Doldenblütler	mittel
Radieschen	Bohnen, Erbsen und Zuckerschoten, Feldsalat, Kohlrabi, Mangold, Möhren, Petersilie, Rucola, Salat, Spinat, Stielmus, Tomaten	Kohlrabi, Kresse, Mairüben, Rucola, Stielmus, Zwiebeln	Kreuzblütler	gering
Rote Bete	Bohnen, Gurken, Kohl, Salat, Zucchini	Mangold, Spinat	Gänsefußgewächse	mittel
Rucola	Radieschen, Salat, Spinat, Stielmus	Kresse, Kohlrabi, Mairüben, Radieschen, Stielmus, Zwiebeln	Kreuzblütler	gering
Salat	Andenbeeren, Erbsen und Zuckerschoten, Knoblauch, Kohlrabi, Mairüben, Möhren, Radieschen, Rucola, Stielmus, Tomaten, Tomatillo, Zwiebeln	Sellerie	Korbblütler	gering
Sellerie	Bohnen, Gurken, Kohl, Kohlrabi, Lauch, Spinat, Tomaten	Erbsen und Zuckerschoten, Kartoffeln, Möhren, Salat	Doldenblütler	hoch
Spinat	Bohnen, Erdbeeren, Kartoffeln, Kohlrabi, Radieschen, Rucola, Stielmus, Tomaten	Mangold	Gänsefußgewächse	gering
Stielmus	Mangold, Salat, Spinat	Kohlrabi, Kresse, Mairüben, Radieschen, Rucola	Kreuzblütler	gering
Tomaten	Bohnen, Knoblauch, Kohlrabi, Petersilie, Radieschen, Salat, Spinat	Erbsen und Zuckerschoten, Kartoffeln	Nachtschattengewächse	hoch
Tomatillo	Bohnen, Salat	Andenbeeren, Kartoffeln, Tomaten	Nachtschattengewächse	mittel
Topinambur	Bohnen	Kartoffeln, Kohl	Korbblütler	mittel
Zucchini	Bohnen, Erbsen und Zuckerschoten, Möhren, Lauch, Petersilie, Rote Bete, Salat, Sellerie, Spinat, Zwiebeln	Gurken, Radieschen, Rettich, Tomaten	Kürbisgewächse	hoch
Zwiebeln	Erdbeeren, Feldsalat, Kohlrabi, Möhren, Salat	Bohnen, Erbsen und Zuckerschoten, Kartoffeln, Kohl, Lauch, Radieschen	Lauchgewächse	gering

UNKOMPLIZIERT VORZIEHEN

Sollen sich die Pflanzen auf Ihrem Hochbeet gesund und kräftig entwickeln, gut wachsen und reiche Ernte bringen, ist insbesondere für Gemüse mit langer Kulturzeit eine Starthilfe von Vorteil. Das heißt, dass im Spätwinter oder zeitigen Frühjahr (Februar/März) Jungpflanzen am warmen Fensterbrett vorgezogen werden.

STARTHILFE FÜR GESUNDE PFLANZEN

Die eigene Anzucht von Gemüsejungpflanzen bringt noch weitere Vorteile: Die Sortenvielfalt ist wesentlich größer als bei gekauften vorgezogenen Pflänzchen, meistens sind die selbst gezogenen Jungpflanzen robuster und darüber hinaus auch kostengünstiger. Außerdem gedeihen die meisten Gemüsepflanzen besser, wenn sie die ersten Wochen ihres Lebens in einer geschützten Umgebung unter kontrollierten Bedingungen verbracht haben, wie das an einem hellen, warmen Fensterplatz der Fall ist.

CLEVER GÄRTNERN TIPP

Jungpflänzchen können bei geeigneter Außentemperatur tagsüber auch ins Freie gesetzt werden; durch Wind und frische Luft werden sie abgehärtet und danken uns den „Freilufturlaub" später mit kräftigem Wachstum.

WARME FENSTERPLÄTZE

Während draußen noch niedrige Temperaturen herrschen, ist es drinnen am Fensterbrett angenehm warm. Junge Gemüsepflänzchen, insbesondere von wärmeliebenden Arten, die ursprünglich aus dem mediterranen Raum stammen, wie zum Beispiel Paprika, Tomate und Co., wissen warme Temperaturen um diese Jahreszeit zu schätzen! Ebenso profitiert Gemüse, das eine besonders lange Kulturzeit hat und daher frühzeitig ausgesät werden soll, von einer solchen Starthilfe.

DAS BRAUCHEN SIE

Für eine Anzuchtstation am hellen Fensterbrett benötigen Sie flache Saatschalen, kleine Töpfe, Quelltöpfe aus Kokosfasern oder Eierkartons als preiswerte und plastikfreie Alternative sowie eine durchsichtige Plastikhaube, -folie oder Glasplatte zum Abdecken bis zur Keimung. Wer regelmäßig Jungpflanzen vorzieht, dem leistet auch ein kleines Zimmergewächshaus aus dem Fachhandel gute Dienste. Als Substrat verwenden Sie ungedüngte Anzuchterde, für die weitere Pflege eine Gießkanne mit feiner Tülle oder einen Blumensprüher, ein Pikier- oder Pflanzholz zum späteren Versetzen der Jungpflanzen und Stecketiketten oder Ähnliches.

SO WIRD'S GEMACHT

- Erde bis etwa 1 cm unter den Rand in die Gefäße füllen und leicht andrücken.
- Von Zucchini, Gurke oder Kürbis jeweils einen Samen in einen Topf mit etwa 6–8 cm Durchmesser geben; von Bohnen drei Stück pro Topf. Tomatensamen gedeihen gut in Quelltöpfen oder Eierkartons – jeweils ein Samen pro Vertiefung. Kresse-, Basilikum-, Sellerie- oder Salatsamen locker aus dem Handgelenk aus der Samentüte in Saatschalen, Multiplatten oder größere Töpfe streuen.
- Alles vorsichtig angießen oder besprühen und laufend feucht halten.
- Optimal ist eine Keimtemperatur von 18–25 °C.

DIE ERSTEN PFLANZEN KEIMEN

Bis zum Keimen der Samen kann das Saatgefäß mit einer durchsichtigen Plastikfolie oder Ähnlichem abgedeckt werden; das sorgt für eine gleichmäßige Luftfeuchtigkeit.

Sobald erste Keimlinge erscheinen, das Gefäß an einen kühleren Ort umziehen, damit die Pflänzchen nicht zu schnell wachsen und instabil werden. Zeigen sich nach den Keimblättern die ersten „richtigen" Blätter, werden schwächere Keimlinge ausgezupft und die kräftigen Jungpflanzen bald darauf in einen größeren Topf (etwa 8–10 cm Durchmesser) umgesetzt.

Im Warmen vorgezogene Tomatenjungpflanzen lieben „Frischlufturlaub" bei geeigneten Außentemperaturen. Das stärkt den Wuchs und bereitet auf die Außenwelt vor.

SCHMUCKES GEMÜSE

Der Sommer ist bunt, auch im Hochbeet. Rote Tomaten, violette Auberginen, gelbe Zucchini – manche Gemüsefarben sind uns schon lange geläufig, wobei man bei der Mehrzahl der Arten hinsichtlich ihrer Färbung in erster Linie an Grün denkt. Dabei gibt es Gemüse noch in vielen anderen Farbvarianten.

Es muss nicht immer nur Grün sein: Zucchini in attraktiver Streifenoptik.

BUNTE GEMÜSEVIELFALT

Viele Sorten sind nicht einfach „nur grün“, sondern haben hinsichtlich der Färbung ihrer Blätter, Blattstiele und Früchte einiges zu bieten. Gestreifte Tomaten, violetter Rosenkohl – wählen Sie aus der bunten Farbpalette aus, was Ihnen gefällt. Damit wird das Gemüse-Hochbeet auch optisch ein voller Erfolg!
Auf den folgenden Seiten stellen wir Ihnen alte und neue Sorten und verrückte Züchtungen vor, mit denen es in Ihrem Hochbeet noch bunter zugeht.

TOMATEN TREIBEN'S BUNT

Tomaten gehören zu den beliebtesten Kulturen in vielen Gemüsebeeten und -gärten, entsprechend ist ihre Sortenvielfallt außerordentlich groß. Sogar im Supermarktregal finden Sie mittlerweile bunte Saatmischungen mit Cocktailtomaten in Schwarz, Gelb, Orange oder Streifenoptik. Und wer glaubt, eine Tomate wäre immer rot, kann sich zum Beispiel an Tomatensorten mit weißen Früchten versuchen; die sind auch immer für eine Überraschung am sommerlichen Salatbüfett gut.

Gemüse treibt es bunt – hätten Sie gedacht, dass ein Gemüsehochbeet ein dermaßen farbenfroher Hingucker sein könnte?

KOHL IN FARBEN

Blumenkohl hat weiße Köpfe, Brokkoli grüne? Das muss nicht immer so sein! Gerade bei Kohlsorten gibt es immer wieder überraschende und attraktive Färbungen, die auf dem Hochbeet zum vielbeachteten Hingucker werden und dabei immer noch ausgesprochen gesund, vitamin- und nährstoffreich sind. Allerdings geht die auffällige Farbe meist beim Kochen verloren. Garen Sie zum Beispiel violetten Blumenkohl nur im Wasserdampf oder geben einen Schuss Essig oder Zitronensaft ins Wasser, bleibt zumindest ein Hauch von Farbe erhalten.

MANGOLD MIT BUNTEN STIELEN

Der Hit unter den farbigen Gemüsen ist eindeutig Mangold – damit lassen Sie Ihr Hochbeet sogar in den Farben des Regenbogens erstrahlen! Neben Sorten mit roten, gelben oder weißen Stielen, wie sie auf den folgenden Seiten genannt werden, gibt es tatsächlich auch bunte Farbmischungen unter den Sortenbezeichnungen 'Bright Lights', 'Five Colours' oder 'Rainbow'. Deren Stiele zeigen eine fröhliche Farbenvielfalt von Weiß und Gelb, Orange und Rot bis hin zu dunklem Pink und Violett.

WEISS

AUBERGINE

Standort: Humoses, durchlässiges, lockeres, nährstoffreiches Substrat; warm, sonnig.
Aussaat & Pflege: Lange Kulturdauer, am besten ab Februar/März vorziehen, keimen bei Bodentemperaturen von 22–26 °C, Jungpflanzen Ende Mai auspflanzen.

KREATIV & CLEVER GESTALTEN:

– **'Casper':** Runde bis längliche, weiße Früchte, milder Geschmack.
– **'Japanese White Egg':** Eierförmige, weiße Früchte, fast samenlos, feiner Geschmack.
– **'White Raja':** Runde, hühnereigroße, weiße Früchte, fast samenlos, feiner Geschmack.

BLUMENKOHL

Standort: Lehmiges, tiefgründiges, nähstoffreiches Substrat; sonnig bis halbschattig.
Aussaat & Pflege: Je nach Sorte ab Februar vorziehen, bis Mitte Juni direkt ins Beet säen; auf eine gleichmäßige Wasser- und Nährstoffversorgung achten.

KREATIV & CLEVER GESTALTEN:

– **'Alpha':** Weiße Köpfe mit sehr gutem Geschmack, früh reifend.
– **'Clapton F1':** große, weiße Köpfe, resistent gegen Kohlhernie; für Sommer- und Herbstanbau.

KÜRBIS

Standort: Gleichmäßig feuchtes, nährstoffreiches und sehr humusreiches Substrat; sonnig, warm, geschützt; frostempfindlich.
Aussaat & Pflege: Ab Mitte April vorziehen, bis Mai Aussaat im Freien; Auspflanzen nach den Eisheiligen; Jungpflanzen vor Schneckenfraß und kalten Temperaturen (Gärtnervlies!) schützen.

KREATIV & CLEVER GESTALTEN:

– **'Casper':** Runder Gartenkürbis, weiße Schale, orangefarbenes Fleisch, süß, Maronen-Aroma, 3–5 kg schwere Früchte.
– **'Weißer Patisson':** Flacher Gartenkürbis („Ufo"), Schale und Fleisch weiß, feines Aroma.

WEISS

MANGOLD

Standort: Gleichmäßig feuchtes, humoses, nährstoffreiches Substrat; sonnig bis etwas halbschattig.
Aussaat & Pflege: Mitte April bis Juli; bei Trockenheit wässern; beim Ernten Herzblätter stehen lassen, um Erntesaison zu verlängern.

KREATIV & CLEVER GESTALTEN:

- **'Verde a costa bianca'**: Stielmangold, weiße Stiele, robust, anspruchslos.
- **'Walliser'**: Stielmangold, weiße Stiele, hellgrüne Blätter, schossfest.
- **'White Silver'**: Stielmangold, breite weiße Stiele, besonders vitaminreich.

PAK CHOI/ CHINESISCHER SENFKOHL

Standort: Nährstoffreiches, lockeres Substrat; sonnig bis halbschattig.
Aussaat & Pflege: Anfang Juli bis Anfang August; mulchen, regelmäßig wässern, keine Staunässe.

KREATIV & CLEVER GESTALTEN:

- **'Sagami'**: Große, dunkelgrüne Blätter, dicke weiße Blattrippen; sehr ergiebig, fein würzig-süßlich.
- **'Taisai'**: Grüne Blätter, fleischige weiße Blattrippen, ertragreich.
- **'Tatsoi'**: Tiefgrüne Blätter, weiße Blattrippen, sehr kompakt.

TOMATE

Standort: Humoses, durchlässiges, Substrat; ausreichend feucht, nährstoffreich; warm, sonnig.
Aussaat & Pflege: Ab Ende Februar/Mitte März vorziehen bei 20–24 °C. Ab Fruchtansatz regelmäßig wässern. Nicht direkt auf die Pflanzen gießen.

KREATIV & CLEVER GESTALTEN:

- **'Weiße Schönheit'**: Stabtomate, sehr süß mit wenig Säure, milchig-weiß bis gelblich.

GELB

KÜRBIS

Standort: Gleichmäßig feuchtes, nährstoffreiches und sehr humusreiches Substrat; sonnig, warm, geschützt; frostempfindlich.
Aussaat & Pflege: Ab Mitte April vorziehen, bis Mai Aussaat im Freien; Auspflanzen nicht vor den Eisheiligen; Jungpflanzen vor Schneckenfraß und kalten Temperaturen (Gärtnervlies!) schützen.

KREATIV & CLEVER GESTALTEN:

– **'Yellow Pumpkin':** Runder Riesen- bzw. Winter-Kürbis mit gelber (bis hellorangefarbener) Schale, fast ganz ohne Rippen, gelbes festes Fruchtfleisch, bis zu 30 kg schwer.

MANGOLD

Standort: Gleichmäßig feuchtes, humoses, nährstoffreiches Substrat; sonnig bis etwas halbschattig.
Aussaat & Pflege: Mitte April bis Juli; bei Trockenheit wässern; beim Ernten Herzblätter stehen lassen, um die Erntesaison zu verlängern.

KREATIV & CLEVER GESTALTEN:

– **'Bright Yellow':** Robuster, pflegeleichter Stielmangold; breite, leuchtend gelbe Stiele.
– **'Gelber Lyoner':** Blattmangold; gelbgrüne Blätter, hellgelbe Stiele, feines Aroma.
– **'Pirol':** Stielmangold; leuchtend gelbe Stiele, grüne Blätter, gelbe Blattadern.

OREGANO/DOST/ WILDER MAJORAN

Standort: Nährstoffarmes, leichtes, mageres, durchlässiges Substrat; sonnig, warm.
Aussaat & Pflege: Im Februar vorziehen, bis April ins Freie säen oder Jungpflanzen ab Mai setzen; ältere Pflanzen im zeitigen Frühjahr bodeneben zurückschneiden.

KREATIV & CLEVER GESTALTEN:

– **'Aureum':** Kompakter Wuchs, leuchtend gelbgrünes, aromatisch duftendes Laub.
– **'Golden Shine':** Goldgelbes, aromatisches Laub.
– **'Thumble's Variety':** Kompakter Wuchs, leuchtend gelbgrünes, aromatisch duftendes Laub.

SÜßKARTOFFEL

Standort: Lockeres, sandiges, nährstoff-, stickstoff- und humusreiches Substrat; sonnig bis halbschattig; frostempfindlich.
Aussaat & Pflege: Januar bis Februar Knollen antreiben; angetriebene Knollen Mitte Mai auspflanzen; bei Trockenheit ausreichend wässern.

KREATIV & CLEVER GESTALTEN:
– **'Marguerite':** Ziersüßkartoffel-Sorte mit herzförmigen, leuchtend gelbgrünen Blättern und essbaren Knollen.

TOMATE

Standort: Humoses, durchlässiges Substrat; ausreichend feucht und nährstoffreich; warm, sonnig; frostempfindlich.
Aussaat & Pflege: Ab Ende Februar/Mitte März vorziehen bei 20–24 °C. Regelmäßig wässern, sobald erste Früchte gebildet werden. Möglichst nicht auf die Pflanzen gießen, sondern auf die Erde am Wurzelansatz.

KREATIV & CLEVER GESTALTEN:
– **'Goldene Königin':** Alte Sorte, orangegelbe Früchte, schmeckt mild-säuerlich.
– **'Yellow Pear':** Cocktail- bzw. Kirschtomate mit kleinen gelben, birnenförmigen Früchten.

ZUCCHINI

Standort: Nährstoffreiches, lockeres, humoses Substrat, Starkzehrer; sonnig bis halbschattig; frostempfindlich.
Aussaat & Pflege: Ab April vorziehen, ab Mitte Mai Aussaat im Freien. Beim Einsetzen von Jungpflanzen unbedingt ausreichend Platz (1,5 × 1,5 m) veranschlagen.

KREATIV & CLEVER GESTALTEN:
– **'Floridor':** Runde, hellgelbe Früchte, buschig, rankenlos.
– **'Gold Rush':** Mittelfrüh, rankenlos, buschig, gut auch im Topf, längliche, gelb-glänzende Früchte.

ROT

ERDBEERSPINAT

Standort: Nährstoffreiches, sandig-humoses, etwas lehmiges Substrat; sonnig bis halbschattig.
Aussaat & Pflege: Mitte März bis April; verwendet werden in erster Linie die Blätter (wie Spinat); die dekorativen roten Früchte sind ebenfalls essbar, schmecken süßlich, jedoch nicht sehr aromatisch.

KREATIV & CLEVER GESTALTEN:
Zwei Arten im Handel erhältlich, die geschmacklich nahezu identisch sind:
- **Ähriger Erdbeerspinat** (*Blitum capitatum*)
- **Echter Erdbeerspinat** (*Blitum virgatum*)

MANGOLD

Standort: Gleichmäßig feuchtes, humoses, nährstoffreiches Substrat; sonnig bis etwas halbschattig.
Aussaat & Pflege: Mitte April bis Juli; bei Trockenheit wässern; beim Ernten Herzblätter stehen lassen, um Erntesaison zu verlängern.

KREATIV & CLEVER GESTALTEN:
- **'Charlie':** Blattmangold; kann jung (Babyleaf) wie Feldsalat geerntet werden, rote Stiele und Blattadern.
- **'Feurio':** Stielmangold; leuchtend rote Stiele, aromatisch.
- **'Rhubard Chard':** Roter Stielmangold.
- **'Vulkan':** Stielmangold; tiefrote, lange Stiele.

PAPRIKA

Standort: Humoses, durchlässiges, lockeres Substrat; ausreichend feucht; warm, sonnig.
Aussaat & Pflege: Lange Kulturdauer, daher am besten ab Februar/März vorziehen, Jungpflanzen ausreichend warm und luftfeucht stellen; ab Mai auspflanzen.

KREATIV & CLEVER GESTALTEN:
- **'Lubega Mini Red':** Snackpaprika, kegelförmig, rot, ertragreich, früh.
- **'Roter Augsburger':** Spitzpaprika, rot, länglich, süßmilder Geschmack.
- **'Ungarischer Tomatenpaprika':** Gemüsepaprika, rot, spitz, süß-pikant.

ROMANASALAT

Standort: Humoses, lockeres, nährstoffreiches Substrat, ausreichend wasserspeichernd; sonnig.
Aussaat & Pflege: Februar bis März vorziehen oder April bis Juli Aussaat ins Freie; nicht zu tief pflanzen! Mäßige Düngung (Mittelzehrer), sonst bitterer Geschmack.

KREATIV & CLEVER GESTALTEN:

– **'Little Leprechaun':** Braunrote Blätter.
– **'Ovired':** Rotblättrig; im Jugendstadium (Babyleaf) wie Feldsalat ernten, dann dicht (10 × 2 cm) säen. Bei einem Abstand von 25 × 25 cm entwickeln sich schöne, lockere Köpfe.

ROTE GARTENMELDE/ SPANISCHER SPINAT

Standort: Auf fast allen Substraten, wenn sie nicht zu trocken sind; Schwachzehrer; sonnig bis halbschattig.
Aussaat & Pflege: Ab Ende Februar bis Juni; vermehrt sich häufig durch Selbstaussaat; alte Kulturpflanze; Verwendung wie Spinat.

KREATIV & CLEVER GESTALTEN:

– **'Opéra':** Sehr fein auch als Salat.
– **'Purpurfarbene':** Violettrote Sorte.
– **'Rote Lebeda':** Tiefrote Sorte.

TOMATE

Standort: Humoses, durchlässiges Substrat; ausreichend feucht, nährstoffreich; warm, sonnig.
Aussaat & Pflege: Ab Ende Februar/Mitte März vorziehen bei 20–24 °C. Ab Fruchtansatz regelmäßig wässern. Nicht direkt auf die Pflanzen gießen.

KREATIV & CLEVER GESTALTEN:

– **'Brandywine':** Fleischtomate; hell- bis schwarzrote, schwere Früchte.
– **'Rote Murmel':** Robuste Wildtomate; zahlreiche kleine rote Früchte.
– **'Rote Zora':** Robuste, starkwüchsige Flaschentomate; längliche, rote Früchte.

ROSA & PINK

AUBERGINE

Standort: Humoses, durchlässiges, lockeres, nährstoffreiches Substrat; warm, sonnig.
Aussaat & Pflege: Lange Kulturdauer, am besten ab Februar/März vorziehen, keimen bei Bodentemperaturen von 22–26 °C, Jungpflanzen Ende Mai auspflanzen.

KREATIV & CLEVER GESTALTEN:

– **'Pinstripe':** Eiförmig-rundliche Früchte; purpurrosa gestreifte Haut, festes, wohlschmeckendes Fleisch; kompakter Wuchs.

MANGOLD

Standort: Gleichmäßig feuchtes, humoses, nährstoffreiches Substrat; sonnig bis etwas halbschattig.
Aussaat & Pflege: Mitte April bis Juli; bei Trockenheit wässern; beim Ernten Herzblätter stehen lassen, um Erntesaison zu verlängern.

KREATIV & CLEVER GESTALTEN:

– **'Pink Passion':** Stielmangold; intensiv pinkfarbene Stiele und Blattrippen; junge Blätter als frische Zutat für Salate; ältere Blätter bleiben selbst bei einer späten Ernte noch zart und aromatisch und lassen sich ähnlich wie Spinat zubereiten.

RADIESCHEN

Standort: Gleichmäßig feuchtes, humusreiches, mittelschweres Substrat; sonnig, luftig.
Aussaat & Pflege: März bis September; ausreichend gießen, Knollen werden sonst übermäßig scharf und holzig.

KREATIV & CLEVER GESTALTEN:

– **'Pink Beauty':** Hell rosafarbenes, rundes Radieschen; mildscharfer Geschmack, knackige Konsistenz, saftig.

ROSA & PINK

RETTICH

Standort: Lockeres, sandig-lehmiges, humusreiches Substrat; gleichmäßig feucht; vollsonnig.
Aussaat & Pflege: April bis August (Früh-/Sommersorten) und Juli bis Ende August (Herbst-/Wintersorten); auf gleichmäßige Wasserversorgung achten, werden sonst pelzig und rissig.

KREATIV & CLEVER GESTALTEN:

– **'Ostergruß'**: Leuchtend rosafarben, für Früh- und Herbstanbau, etwa 25 cm lang.

SPEISERÜBE

Standort: Durchlässiges, humoses, lockeres, leichtes Substrat; sonnig.
Aussaat & Pflege: März bis August; auf gleichmäßige Wasserversorgung achten, aber Staunässe vermeiden.

KREATIV & CLEVER GESTALTEN:

– **'Atlantic'**: Flachrunde, rosafarbene Rübe, weißes Fruchtfleisch, Geschmack süßlich-mild, saftig.
– **'Züricher'**: Runde, weiße Rübe mit pink-violettem Kopf; sehr gut lagerfähig.

TOMATE

Standort: Humoses, durchlässiges Substrat; ausreichend feucht, nährstoffreich; warm, sonnig.
Aussaat & Pflege: Ab Ende Februar/Mitte März vorziehen bei 20–24 °C. Ab Fruchtansatz regelmäßig wässern. Nicht direkt auf die Pflanzen gießen.

KREATIV & CLEVER GESTALTEN:

– **'Caspian Pink'**: Tomatensorte mit sehr großen, teilweise leicht gerippten Früchten, pinkfarben. Sehr ausgeprägtes, intensives Aroma; eine Feinschmeckersorte aus den Regionen des Kaspischen Meeres, ausgesprochen lecker.

BLAU, LILA & VIOLETT

BLUMENKOHL

Standort: Lehmige, tiefgründige Böden, nähstoffreich; sonnig bis halbschattig.
Aussaat & Pflege: Je nach Sorte ab Februar vorziehen, bis Mitte Juni direkt ins Beet säen; auf eine gleichmäßige Wasser- und Nährstoffversorgung achten.

KREATIV & CLEVER GESTALTEN:

– **'Graffiti':** Violette Köpfe, die sich beim Kochen grün färben.
– **'Sicilia Violetto':** Alte, schnell wachsende Früh- bzw. Sommersorte mit großen, violetten Köpfen, die beim Kochen weiß werden.

BOHNEN

Standort: Lockere, tiefgründige, humusreiche Böden, geringer Nährstoffbedarf; sonnig bis halbschattig, windgeschützt.
Aussaat & Pflege: Im April vorziehen oder Mitte Mai bis Juni Aussaat direkt ins Beet; Rankhilfe bieten; ab der Blüte ausreichend gießen.

KREATIV & CLEVER GESTALTEN:

– **'Blaue Adliswil':** Alte Stangenbohne; flache, zunächst grüne, dann dunkelblaue Schoten.
– **'Blauhilde':** Alte, ertragreiche Stangenbohne; runde, tiefviolette Schoten; fadenlos.
– **'Purple Teepee':** Blauhülsige Buschbohne.

BROKKOLI

Standort: Tiefgründige, nährstoffreiche Böden, gut wasserspeichernd; sonnig.
Aussaat & Pflege: Früh-/Sommersorten April bis Juli, Winter-Brokkoli Juli bis September säen, in den ersten drei Wochen eher sparsam, danach großzügig wässern.

KREATIV & CLEVER GESTALTEN:

– **'Santee':** Milder, violetter Sprossen-Brokkoli für Sommer-/Herbsternte mit zahlreichen Nebentrieben.
– **'Violett Queen':** Mittelfrühe Sorte; violetter Kopf.
– **'Winter Rudolph':** Zum Überwintern geeignete Sorte mit violetten Sprossen.

BLAU, LILA & VIOLETT

ERBSEN

Standort: Lockere Böden; sonnig; geringer Nährstoffbedarf.
Aussaat & Pflege: März/April direkt ins Beet, Rankhilfe je nach Höhe/Sorte zum Beispiel aus verzweigtem Geäst anbieten.

KREATIV & CLEVER GESTALTEN:

– **'Blauschocker'**: Alte Sorte mit blauvioletten Schoten und grünen Samen; junge Hülsen wie Zuckerschoten verwenden, später die weichen Samen ernten oder ausreifen lassen und trocknen.
– **'Ostfriesische Felderbse'**: Alte Sorte mit blauvioletten Schoten und roten Blüten; nur 40 cm hoch, keine Rankhilfe nötig.

ROSENKOHL

Standort: Schwere, lehmhaltige, humus- und nährstoffreiche Böden; sonnig bis halbschattig.
Aussaat & Pflege: Ab Februar vorziehen, Ende März (Frühsorten) bis Anfang Mai (Spät- und Wintersorten) Aussaat direkt ins Beet, mulchen, Wintersorten mit Reisig abdecken; Frühsorten ab September ernten, späte Sorten bis Februar.

KREATIV & CLEVER GESTALTEN:

– **'Red Ball'**: Lila bereifte Röschen mit mildem, süßem Geschmack.
– **'Rosella'**: Ertragreiche Herbstsorte; aromatische, violette Röschen.
– **'Rubine'**: Alte Sorte; violette Röschen mit zartem Geschmack.

ROTKOHL & WEIẞKOHL

Standort: Beide Kohlarten sind ausgesprochene Starkzehrer, humus- und nährstoffreiche, ausreichend feuchte Böden; sonnig bis halbschattig.
Aussaat & Pflege: Je nach Sorte von März/April (unter Frühbeetabdeckung) bis Juni, gut auf eine gleichmäßige Wasser- und Nährstoffversorgung achten.

KREATIV & CLEVER GESTALTEN:

– **'Dauerrot'**: Späte Rotkohl-Lagersorte.
– **'Kalibos'**: Alte, rote Spitzkohlsorte (spitze Form des Weißkohls).
– **'Marner Lagerrot'**: Späte Rotkohl-Lagersorte.

MIT MUSTER

BOHNEN

Standort: Lockeres, humusreiches Substrat, geringer Nährstoffbedarf; sonnig bis halbschattig, windgeschützt.
Aussaat & Pflege: Im April vorziehen oder Mitte Mai bis Juni direkt ins Beet säen; Rankhilfe bieten; ab der Blüte ausreichend gießen.

KREATIV & CLEVER GESTALTEN:
– **'Borlotto rosso':** Buschbohne, rot-weiß gesprenkelte Schoten.
– **'Jimenez':** Stangenbohne, grüne, rot überlaufene Schoten; ertragreich.
– **'Sanguino 2':** Buschbohne, breite, mittellange, rot geflammte Schoten; bleiben lange zart.

KÜRBIS

Standort: Gleichmäßig feuchtes, nährstoffreiches und sehr humusreiches Substrat; sonnig, warm, geschützt.
Aussaat & Pflege: Ab Mitte April vorziehen, bis Mai Aussaat im Freien; auspflanzen nicht vor den Eisheiligen; Jungpflanzen vor Schneckenfraß und kalten Temperaturen (Gärtnervlies!) schützen.

KREATIV & CLEVER GESTALTEN:
– **'Türkenturban' ('Bischofsmütze'):** Flach-rundlicher, zweigeteilter Garten-Kürbis, orangefarben mit hellen und grünen Streifen; Fleisch orangefarben, Geschmack fruchtig-nussig.

RADIESCHEN

Standort: Gleichmäßig feuchtes, humusreiches, mittelschweres Substrat; sonnig, luftig.
Aussaat & Pflege: März bis September; ausreichend gießen, Knollen werden sonst übermäßig scharf und holzig.

KREATIV & CLEVER GESTALTEN:
– **'Felicia':** Länglich (wie ein Mini-Rettich), rosafarben mit weißer Spitze; geeignet für Frühjahrs- und Herbstanbau.
– **'Flamboyant':** Länglich (wie ein Mini-Rettich), rosafarben mit weißer Spitze; knackig, rotfleischig.

MIT MUSTER

SPEISERÜBE

Standort: Durchlässiges, humoses, lockeres, leichtes Substrat; sonnig.
Aussaat & Pflege: März bis August; auf gleichmäßige Wasserversorgung achten, aber Staunässe vermeiden.

KREATIV & CLEVER GESTALTEN:

– **'Ronde Witte Roodkop':** Flachrunde, weiße, rotköpfige Rübe; helles Fleisch.
– **'Züricher':** Runde, weiße Rübe mit pink-violettem Kopf; sehr gut lagerfähig.

TOMATEN

Standort: Humoses, durchlässiges Substrat; ausreichend feucht. nährstoffreich; warm, sonnig.
Aussaat & Pflege: Ab Ende Februar/Mitte März vorziehen bei 20–24 °C. Ab Fruchtansatz regelmäßig wässern. Nicht direkt auf die Pflanzen gießen.

KREATIV & CLEVER GESTALTEN:

– **'Black Zebra':** Fleischtomate, schwarz-grün gestreift, sehr aromatisch, ertragreich; wüchsig.
– **'Tigerella':** Stabtomate, rotgoldgelb gestreift, sehr robust, früh und reich tragend, sehr guter Geschmack.

ZUCCHINI

Standort: Nährstoffreiches, lockeres, humoses Substrat, Starkzehrer; sonnig bis halbschattig; frostempfindlich.
Aussaat & Pflege: Ab April vorziehen, ab Mitte Mai Aussaat im Freien. Beim Einsetzen von Jungpflanzen unbedingt ausreichend Platz (1,5 × 1,5 m) veranschlagen.

KREATIV & CLEVER GESTALTEN:

– **'Green Tiger F1':** Gestreifte Früchte in Hell- und Dunkelgrün; feiner Geschmack.
– **'Zephyr F1':** Früchte unten lindgrün, oben leuchtend zartgelb.

SCHÖNE & NÜTZLICHE BEETPARTNER

Blühendes zwischen den Gemüsepflanzen – das sieht nicht nur schön aus und bringt Farbe ins Beet. Manche blühende Beetpartner haben noch mehr zu bieten: Ihre wunderhübschen Blüten sind essbar oder Magneten für Biene, Schmetterling und Co., ihre Wurzeln sammeln Nährstoffe oder die ganzen Pflanzen vertreiben unerwünschte Mitesser vom Gemüse.

FÖRDERLICHES MITEINANDER

In vielen Gärten und Beeten werden Blumen und Gemüse strikt voneinander getrennt: Während Blumen und Stauden auf den ihnen zugewiesenen Beetflächen blühen, sind Salat und Gemüse fein säuberlich in einem anderen Beet untergebracht. Dabei macht es – neben der ansprechenden Optik – durchaus Sinn, Blumen und Gemüse nebeneinander und miteinander zu pflanzen. Und sogar in Balkonkästen und anderen Pflanzgefäßen lässt sich dieses Prinzip verwirklichen. Ein weiterer Vorteil davon: Überfliegende Insekten werden von Raupen oft als gefährliche Räuber wahrgenommen, was ihnen sofort den Appetit verdirbt: Sie fressen weniger!

Hochbeet in frühlingshafter Pracht: Bunt Blühendes ist nicht nur schön fürs Auge, sondern gleichzeitig auch nützlich für die Insektenwelt.

MISCHKULTUR: BLUMEN & GEMÜSE

Im Grunde ist eine Kombination aus Gemüse und Blühendem nichts anderes als ein Gemüsebeet, welches nach dem Prinzip der Mischkultur (ab Seite 50) mit verschiedenen Gemüsearten bestückt ist. So scheiden einige der Blühpartner bestimmte Stoffe über ihre Wurzeln aus, die den benachbarten Gemüsepflanzen zugutekommen. Andere schützen ihre Beetpartner mit einem intensiven Geruch vor lästigen Schädlingen; wieder andere speichern Stickstoff im Boden, der dann den Nutzpflanzen zur Verfügung steht.

ES BLÜHT & SUMMT!

Ein weiterer und ganz großer Vorteil von Blühendem im Gemüsebeet: Blumen sind wahre Nützlingsmagnete. Bienen und Hummeln fliegen auf die bunten Blütenfarben und den süßen Duft der Blumen und finden sich dadurch verstärkt im gemischten Beet ein. Hier bestäuben sie jedoch nicht nur die Blumen, sondern auch zahlreiche Nutzpflanzen wie zum Beispiel Tomaten, Zucchini oder Erdbeeren. Nicht zuletzt kann eine Mischung aus Blüten und Gemüse zu einem Augenschmaus werden und der rege Besuch von bestäubenden Insekten erfreut das Herz des Gärtners und Beobachters.

Eine Randbepflanzung mit Studentenblumen steht dem Hochbeet gut.

BLUMEN ALS NÄHRSTOFFLIEFERANTEN

DUFTWICKE

Die Wicke (*Lathyrus odoratus*) reichert mithilfe von Knöllchenbakterien an ihren Wurzeln Stickstoff im Boden an.
Standort: Mäßig nährstoffreiches, durchlässiges Substrat; sonnig bis halbschattig, windgeschützt.
Aussaat & Pflege: Ab März vorziehen und Ende Mai auspflanzen oder ab Mai direkt an den Beetrand säen; einjährig; Wurzeln nach dem Frost im Boden lassen.

KREATIV & CLEVER GESTALTEN:
- **'Little Sweetheart':** Mischung verschiedener Blütenfarben; etwa 20 cm hoch.

INKARNAT-KLEE

Inkarnat-, auch Blut- oder Rosen-Klee genannt (*Trifolium incarnatum*), reichert mithilfe von Knöllchenbakterien an ihren Wurzeln Stickstoff im Boden an.
Standort: Lockeres, durchlässiges, etwas lehmiges oder sandiges Substrat; sonnig.
Aussaat & Pflege: Von Mai bis September aussäen; einjährig; abgestorbene Pflanzen nach dem Winter einarbeiten.

KREATIV & CLEVER GESTALTEN:
- Wunderschöne, kegelförmige rote Blüten von Juni bis August.

SCHMALBLÄTTRIGE LUPINE

Die Lupine (*Lupinus angustifolius*) reichert mithilfe von Knöllchenbakterien an ihren Wurzeln Stickstoff im Boden an.
Standort: Mäßig nährstoffreiches, mittelschweres bis leichtes, lockeres Substrat; sonnig.
Aussaat & Pflege: April bis August an den Beeträndern rund um die Gemüsekulturen aussäen; einjährig; blaue Blüten; 30–50 cm hoch.

KREATIV & CLEVER GESTALTEN:
- **Gelbe Lupine (*L. luteus*):** Besonders tief wurzelnd, gelbe Blüten.
- **Weiße Lupine (*L. albus*):** Besonders tief wurzelnd, weiße Blüten.

BLUMEN ALS NÄHRSTOFFLIEFERANTEN

BIENENFREUND

Bienenfreund (*Phacelia tanacetifolia*) fixiert durch sein dichtes und feines Wurzelwerk Nährstoffe sehr gut im Boden.
Standort: Durchlässiges, lockeres Substrat; vollsonnig bis halbschattig.
Aussaat & Pflege: Ende Juli/ Anfang August aussäen, versamt sich häufig von selbst; einjährig; abgestorbene Pflanzen nach dem Winter einarbeiten.

KREATIV & CLEVER GESTALTEN:
– Pflanzen blühen hellblau schon sieben bis acht Wochen nach der Aussaat; daher gut als Herbst- oder Wintergründüngung auf Beeten, die dann nicht mehr zum Gemüseanbau genutzt werden.

BEINWELL

Aus den kalium- und stickstoffreichen Blättern des Beinwells oder Comfrey (*Symphytum officinale*) lassen sich Jauchen und Brühen zur Düngung herstellen.
Standort: Gleichmäßig feuchtes, nährstoffreiches, auch schweres Substrat; sonnig oder lichter Schatten.
Aussaat & Pflege: Am besten Jungpflanzen im Frühjahr an den Beetrand setzen; regelmäßig ernten; mehrjährig; sehr wüchsig!

KREATIV & CLEVER GESTALTEN:
– **'Moulin Rouge'**: Kräftig purpurrote Blüten von Mai bis Juli.

SONNENBLUME

Sonnenblumen (*Helianthus annuus*) tragen durch ihr intensives Wurzelwerk zu einer tiefgründigen, wachstumsfördernden Bodenlockerung bei.
Standort: Ausreichend feuchtes, nährstoffreiches, humoses, lockeres Substrat; sonnig bis halbschattig.
Aussaat & Pflege: Ende März am Fensterbrett vorziehen oder ab Mitte April direkt ins Beet säen.

KREATIV & CLEVER GESTALTEN:
– **'Garden Statement'**: Nur 80 cm hoch; zitronengelb mit dunkler Mitte; Blüten nicht gefüllt.
– **'Sunspot'**: Niedrige Zwergsonnenblume von nur 40 cm Höhe; goldgelbe Blüten.

BLÜHENDES ALS SCHÄDLINGSSCHRECK

KAPUZINERKRESSE

Die Kapuzinerkresse (*Tropaeolum majus*) dient als „Fangpflanze“ für Bohnenläuse und Kohlweißlingsraupen; vertreibt Gurkenkäfer.
Standort: Humoses, lockeres, mäßig nährstoffreiches Substrat; geschützt, sonnig bis halbschattig.
Aussaat & Pflege: Februar bis April vorziehen; Mai bis Juli ins Freie säen; einjährig; an die Beetränder rund um die Gemüsekulturen setzen.

KREATIV & CLEVER GESTALTEN:
– **'Tip-Top Alaska':** Nicht rankend, niedrig; weiß-buntes Laub.

VERGISSMEINNICHT

Vergissmeinnicht (*Myosotis sylvatica*) hält Erdbeerblütenstecher von Erdbeeren fern.
Standort: Durchlässiges, ausreichend feuchtes, humoses Substrat; sonnig bis halbschattig.
Aussaat & Pflege: Mai bis Ende Juli vorziehen, versamt sich häufig selbst, zweijährig; an die Beetränder rund um die Gemüsekulturen setzen.

KREATIV & CLEVER GESTALTEN:
– Beliebte Beet- und Gruppenpflanze; auch für Einfassungen, Steingärten, Kübel und Schalen.

RINGELBLUME

Ringelblume (*Calendula officinalis*) vertreibt Bodenschädlinge wie Wurzelälchen und Drahtwürmer.
Standort: Mäßig nährstoffreiches, humoses, sandiglehmiges Substrat, sonnig.
Aussaat & Pflege: Ab März vorziehen oder März bis Juni direkt ins Beet säen, versamen sich häufig von selbst, einjährig; zwischen die Gemüsepflanzen säen oder setzen.

KREATIV & CLEVER GESTALTEN:
– **'Orange Gitana':** Niedrige Sorte mit kräftig orangefarbenen Blüten.

BLÜHENDES ALS SCHÄDLINGSSCHRECK

PECHNELKE

Pechnelke (*Silene viscaria*) erhöht die Widerstandskraft aller Beetpartner; insbesondere Busch- und Stangenbohnen wachsen besser und gesünder.
Standort: Humoses, lockeres, kalkarmes, nährstoffreiches, ausreichend feuchtes Substrat; vollsonnig.
Aussaat & Pflege: Ab Februar vorziehen oder ab Mai direkt ins Beet säen oder gekaufte Jungpflanzen setzen, versamen sich häufig von selbst; mehrjährig.

KREATIV & CLEVER GESTALTEN:
– Anspruchslos, karminrosafarbene Blüten von Mai bis Juli/August.

NIEDRIGE STUDENTENBLUME

Die Niedrige Studentenblume (*Tagetes patula*) vertreibt Bodenschädlinge wie Wurzelälchen; erhöht die Bodengesundheit.
Standort: Mäßig nährstoffreiches, humoses, durchlässiges, ausreichend feuchtes Substrat; sonnig bis halbschattig.
Aussaat & Pflege: Februar bis März vorziehen und Ende Mai auspflanzen oder Ende April ins Freie säen, einjährig; Jungpflanzen vor Schnecken schützen.

KREATIV & CLEVER GESTALTEN:
– **'Mr. Majestic'**: Einfache, gelbrot gestreifte Blüten, 20–25 cm hoch.
– **'Carmen'**: Gefüllte, orangerote Blüten, 20–25 cm hoch.

BOHNENKRAUT

Bohnenkraut (*Satureja*) hält Schwarze Bohnenläuse von Bohnen fern.
Standort: Nährstoffarmes, leichtes, durchlässiges Substrat; sonnig, warm, geschützt.
Aussaat & Pflege: April bis Mai oder August säen oder Jungpflanzen ab Mai setzen.

KREATIV & CLEVER GESTALTEN:
– **Berg-/Winter-Bohnenkraut (*Satureja montana*)**: Mehrjährig.
– **Zitronen-Berg-Bohnenkraut (*Satureja montana* var. *citriodora*)**: Zitronenaroma, weniger herb; mehrjährig.
– **Sommer-Bohnenkraut (*Satureja hortensis*)**: Einjährig.

ESSBARE BLÜTEN

KAPUZINERKRESSE

Blüten von Kapuzinerkresse (*Tropaeolum majus*) frisch als Dekoration für Salat, Suppe, zum Aromatisieren von Essig.
Standort: Humoses, lockeres, mäßig nährstoffreiches Substrat; geschützt, sonnig bis halbschattig.
Aussaat & Pflege: Februar bis April vorziehen; Mai bis Juli ins Freie säen; einjährig; an die Beetränder rund um die Gemüsekulturen setzen.

KREATIV & CLEVER GESTALTEN:

– **'Black Velvet':** Kompakt, etwas rankend, niedrig; schwarz-rote Blüten.
– **'Kaiserin von Indien':** Kompakt, niedrig; dunkles Laub, leuchtend karminrote Blüten.

BORRETSCH

Blüten von Borretsch (*Borago officinalis*) frisch als essbare Deko im Salat, in Eiswürfeln, auf Kuchen und Desserts.
Standort: Durchlässiges, feuchtes, nahrhaftes Substrat; sonnig bis halbschattig, windgeschützt.
Aussaat & Pflege: Ab Mitte April bis Anfang Juli direkt ins Beet säen, versamt sich häufig selbst, einjährig; zwischen die Gemüsepflanzen säen.

KREATIV & CLEVER GESTALTEN:

– **'Variegata':** Sorte mit blauen Blüten und grün-weiß gefleckten Blättern.
– ***Borago laxiflora*:** Mehrjährig; niedrig; blaue Blüten bis in den Herbst hinein, besonders stachelige Blätter.

RINGELBLUME

Blüten(-blätter) von Ringelblume (*Calendula officinalis*) frisch für Salate, Salben, Ölauszug; getrocknet für Tee.
Standort: Mäßig nährstoffreiches, humoses, sandig bis leicht lehmiges Substrat, sonnig.
Aussaat & Pflege: Ab April bis Juni direkt ins Beet säen, versamen sich häufig von selbst, einjährig; zwischen die Gemüsepflanzen säen oder setzen.

KREATIV & CLEVER GESTALTEN:

– **'Daisy'-Mischung:** Kompakt wachsende Sortenmischung in Zitronengelb, Goldgelb, Apricot und Dunkelorange.

ESSBARE BLÜTEN

LAVENDEL

Blüten von Echtem Lavendel (*Lavandula angustifolia*) frisch zum Aromatisieren von Eis, Desserts, Likör; als herb-süße Würze zu Fleisch, Gebratenem; sparsam dosieren!
Standort: Nährstoffarmes, trockenes, sandig-lockeres Substrat; vollsonnig, warm.
Aussaat & Pflege: Am besten Jungpflanzen ab Mai an die Beetränder setzen; mehrjährig; Rückschnitt um die Hälfte bis zu zwei Drittel im März/April.

KREATIV & CLEVER GESTALTEN:
– **'Hidcote Blue':** Gedrungen, kompakt, sehr dicht; dunkelviolette Blüten.
– **'Munstead':** Robust, flächig wachsend; leuchtend blaue Blüten.

GEWÜRZ-TAGETES

Blüten von Gewürz-Tagetes (*Tagetes tenuifolia*) frisch oder getrocknet als Deko in Süßspeisen, Suppen, Risotto, Kartoffelgerichten, Soßen.
Standort: Mäßig nährstoffreiches, durchlässiges Substrat; gut trockenheitsverträglich; sonnig (bis halbschattig).
Aussaat & Pflege: Februar bis März vorziehen und Ende Mai auspflanzen oder ab Mitte April ins Freie säen, einjährig; wenig schneckenanfällig.

KREATIV & CLEVER GESTALTEN:
– **'Orange Gem':** Orangefarbene Blüten, Mandarinenaroma, kompakt; 25–30 cm hoch.

SCHNITTLAUCH

Blüten von Schnittlauch (*Allium schoenoprasum*) frisch für Suppe, Salat, Pfannengerichte, Brotaufstrich, Kräuterbutter oder -quark.
Standort: Ausreichend feuchtes, nährstoffreiches, humoses, lockeres Substrat; sonnig bis halbschattig, warm.
Aussaat & Pflege: Jungpflanzen ab Mai an die Beetränder setzen; mehrjährig; gleichmäßige Wasserversorgung, wird sonst strohig.

KREATIV & CLEVER GESTALTEN:
– **'Forescate':** Besonders große, intensiv rosafarbene Blüten; lange, kräftige Halme.
– **'Miro':** Mildes Aroma; sehr feine Halme; ideal zum Einfrieren.

BLÜTEN ALS INSEKTENMAGNETEN

JUNGFER IM GRÜNEN

Die Jungfer im Grünen (*Nigella damascena*) bietet ein gutes Angebot an Nektar und Pollen für zahlreiche Insektenarten.
Standort: Mittelschweres, nährstoffreiches, ausreichend feuchtes Substrat; vollsonnig.
Aussaat & Pflege: Ab Mitte März bis Mai direkt ins Beet säen; einjährig.

KREATIV & CLEVER GESTALTEN:
– **'Miss Jekyll':** Himmelblaue Blüten, 50 cm hoch.
– **'Persische Juwelen':** Mischung von blauen, weißen und rosafarbenen Blüten, 50 cm hoch.
– **'Indigoblau':** Leuchtend blaue Blüten, 50 cm hoch.

LÖWENMÄULCHEN

Löwenmäulchen (*Antirrhinum majus*) werden insbesondere von Hummeln angeflogen, die kräftig genug sind, um die Blüten „aufzustemmen".
Standort: Nährstoffreiches, nicht zu trockenes Substrat; sonnig bis halbschattig, warm.
Aussaat & Pflege: Januar bis März vorziehen und Ende Mai auspflanzen oder ab Ende Mai direkt ins Beet säen, versamt sich häufig selbst; einjährig.

KREATIV & CLEVER GESTALTEN:
– **'Blütenteppich':** Mischung mit roten, gelben, rosafarbenen Blüten, 30–50 cm hoch.
– **'Black Prince':** Samtig dunkelrote Blüten, 30–40 cm hoch.

GEFLECKTE HAINBLUME

Die Gefleckte Hainblume (*Nemophila maculata*) ist eine ausdauernd blühende Insektenweide.
Standort: Mäßig nährstoffreiches, durchlässiges, humoses, ausreichend feuchtes Substrat; sonnig bis halbschattig.
Aussaat & Pflege: Ab März vorziehen und Mitte Mai auspflanzen oder ab Mai direkt ins Beet säen; für gleichmäßige Feuchtigkeit sorgen; versamt sich häufig selbst; einjährig.

KREATIV & CLEVER GESTALTEN:
– Bildet 15–20 cm hohe, weiß-violettfarbene Blütenteppiche.
– ***Nemophila menziesii* (Blaue Hainblume):** Himmelblaue Blüten.

BLÜTEN ALS INSEKTENMAGNETEN

KORNBLUME

Kornblumen (*Centaurea cyanus*) werden gern von Bienen, Hummeln und Schmetterlingen besucht.

Standort: Nährstoffarmes, durchlässiges, eher trockenes Substrat; sonnig.

Aussaat & Pflege: März bis Juli direkt ins Beet säen; versamt sich häufig selbst; einjährig.

KREATIV & CLEVER GESTALTEN:

– **'Florence Blue':** Blaue Blüten, 50–60 cm hoch.

– **'Black Ball':** Dunkelviolette bis schwarze Blüten, 60 cm hoch.

– **'Rote Lola':** Kräftig rosafarbene Blüten, 80 cm hoch.

COSMEA

Cosmea oder Schmuckkörbchen (*Cosmos bipinnatus*) liefern von Juli bis Oktober sowohl Pollen als auch Nektar für Bienen, Hummeln, Schmetterlinge & Co.

Standort: Mäßig nährstoffreiches, lockeres, ausreichend feuchtes Substrat; sonnig, windgeschützt.

Aussaat & Pflege: März vorziehen und Ende Mai auspflanzen oder ab Anfang Mai ins Freie säen, einjährig; hohe Sorten am Beetrand.

KREATIV & CLEVER GESTALTEN:

– **'Pink Popsocks':** Rosafarbene Blüten, 50–60 cm hoch.

– **'Sonata White':** Weiße Blüten, 50–60 cm hoch.

DUFTSTEINRICH

Die intensiv duftenden, etwa 20 cm hohen Blütenpolster des Duftsteinrichs oder Silberkrauts (*Lobularia maritima*) locken zahlreiche Insekten an.

Standort: Mäßig nährstoffreiches, durchlässiges, lockeres Substrat; vollsonnig bis halbschattig, warm.

Aussaat & Pflege: Ende März bis April vorziehen und Mitte Mai auspflanzen oder Mitte April direkt an die Beetränder säen; einjährig; Rückschnitt nach der Blüte regt neue Blütenbildung an.

KREATIV & CLEVER GESTALTEN:

– **'Snow Crystals':** Rein weiße Blüten.

– **'Orientalische Nächte':** Lila- bzw. violettfarbene Blüten.

MORDS-ERNTE-HOCHBEET

Der Traum eines jeden Gärtners: Ein praktisches und rückenfreundliches Hochbeet, von dem man auch noch Gemüse satt ernten kann! Denn trotz begrenztem Raum beschert einem das richtig ausgewählte Gemüse reichliches Ernteglück, pflanzt man robuste und ertragreiche Arten bzw. Sorten.

DAS PASSENDE GEMÜSE

Besonders üppige Ernte verspricht ein Hochbeet in den ersten ein bis zwei Jahren nach seiner Anlage. Dann ist der Verrottungsprozess im Inneren noch in vollem Gang und produziert reichlich wachstumsfördernde Wärme und Nährstoffe. Bestens geeignet für einen Anbau in diesen ersten Jahren sind daher besonders nährstoffbedürftige und zugleich unkomplizierte und ertragreiche Kulturen wie zum Beispiel Tomaten, verschiedene Kohlarten, Sellerie oder Kartoffeln.

ANSPRUCHSLOSE KULTUREN

Auf einem Hochbeet, welches schon zwei bis drei Jahre steht, kommen am besten mittel- und schwachzehrende Kulturen zum Einsatz. Doch auch unter diesen finden sich Arten, die mit wenig Aufwand eine üppige Ernte versprechen. Bestücken Sie Ihr Beet mit Zuckerschoten, Busch- oder Stangenbohnen, Spinat, Feldsalat, Pflücksalat, Winterportulak – und Sie werden reichlich zu ernten haben.

WANN ANLEGEN?

Ein Mords-Ernte-Beet legen Sie entweder im Herbst neu an, lassen das Innenleben und die Erde sich über den Winter setzen und beginnen dann im Frühjahr mit der Bepflanzung – wärmebedürftige Arten wie Tomaten, Zucchini oder Kürbis werden frühestens ab Mitte/Ende Mai ins Beet gesetzt. Haben Sie schon ein etwas älteres Hochbeet im Garten, können Sie dort zum jeweils passenden Aussaatzeitpunkt während der Wachstumssaison mit den oben genannten schwachzehrenden Gemüsen und Salaten starten.

BEET INFO

ERNTE +++
SCHMUCK ++
TOLL ANZUSEHEN V–IX
PFLEGEAUFWAND ⑂⑂
STANDORT ☀

DAS MORDS-ERNTE-HOCHBEET PFLEGEN

Die Pflege richtet sich nach den Ansprüchen der einzelnen Kulturen. Besonders pflegeleicht sind die genannten Schwachzehrer – Bohnen und Zuckerschoten brauchen lediglich Rank- oder Kletterhilfen – sowie Kartoffeln. Tomaten müssen an Stäben befestigt und eventuell als Regenschutz überdacht, Zucchini und Kürbis im Jugendstadium vor Schnecken geschützt werden.

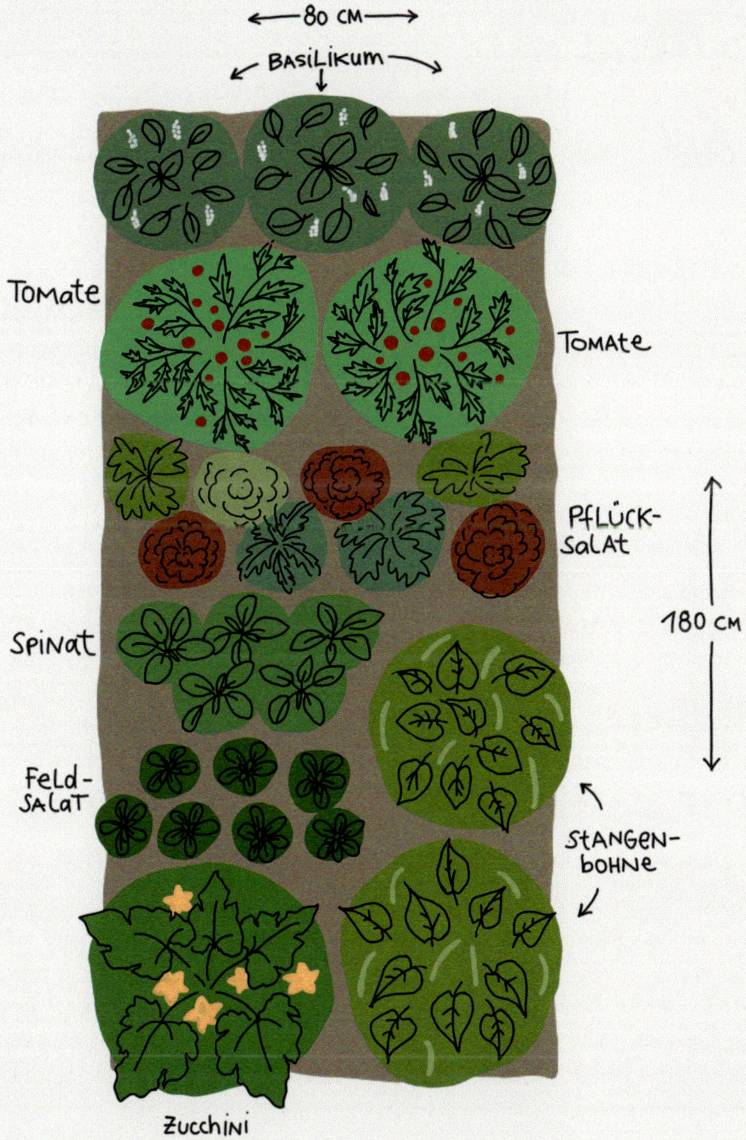

KREATIV & CLEVER GESTALTEN:

Feldsalat

Pflücksalat

Spinat

Stangenbohne

Tomate

Zucchini

TIPP

Weitere geeignete Arten fürs Mords-Ernte-Beet sind: Gurken, Kürbis, Kartoffeln, Kohl, Zuckermais, Rhabarber, Stielmus, Winterportulak und Radieschen.

SOMMERURLAUBS-HOCHBEET

Auch wenn für viele die Gartenarbeit und der Aufenthalt in ihrem grünen Refugium fast wie Urlaub ist, die meisten Gartenbesitzer verbringen gerade den Sommerurlaub dennoch fernab vom heimischen Grün. Dann ist es von Vorteil, wenn das Gemüse-Hochbeet die Urlaubszeit unbeschadet übersteht und auch danach Erntefreuden bietet.

GEMÜSEANBAU PLANEN

Salat und Gemüse mit kurzer Kulturdauer lassen sich hinsichtlich der Urlaubszeit gut terminieren: Aussaattermine können Sie so legen, dass die Kulturen vor bzw. nach dem Urlaub erntereif sind. Neue Jungpflanzen sollten Sie spätestens eine Woche vor der Abreise ins Beet setzen und dort gut angießen, damit sie zügig neue Wurzeln bilden können.

TIPPS & TRICKS

Wachsen Zucchini, Tomaten und Gurken auf Ihrem Hochbeet, müssen diese während einer mehrwöchigen Urlaubszeit zwar durch Nachbarn oder ein Bewässerungssystem mit Wasser versorgt werden, aber Sie können die Ernte hinauszögern, indem Sie vor der Abreise einen Teil der Blüten ausbrechen.

SPÄTES GEMÜSE

Gut in die sommerliche Urlaubsplanung integrieren lassen sich Gemüsearten, die erst im Herbst reifen. Grün- und Rosenkohl, Spätkartoffeln, Lagermöhren, Mangold, Pastinaken, Rote Bete, Kürbis, Kopfkohl und Herbst-Endivien werden dann gezielt etwa sechs Wochen vor der Abreise im Frühbeet oder in Aussaatschalen vorgezogen und dann rechtzeitig ins Hochbeet gepflanzt. Wählen Sie beim Saatgut auf jeden Fall geeignete Sommersorten.

WANN ANLEGEN?

Falls Sie nicht spontan und kurzentschlossen verreisen, sondern Ihre Ferien vorab planen, berücksichtigen Sie diesen Zeitraum am besten schon bei der Anbauplanung im Frühjahr davor, wenn Sie die entsprechenden Gemüsearten auswählen und die Aussaat- bzw. Pflanztermine auf Ihre Urlaubszeit abstimmen.

BEET INFO

ERNTE +++
SCHMUCK ++
TOLL ANZUSEHEN V–IX
PFLEGEAUFWAND 🍴🍴
STANDORT ☀–◐

DAS SOMMERURLAUBS-HOCHBEET PFLEGEN

Durch richtiges Gießen bereits vor dem Urlaub „erziehen“ Sie die Pflanzen dazu, sich ihr Wasser möglichst auch aus tieferen Bodenschichten zu holen. Gießen Sie, nachdem Saaten aufgelaufen und Jungpflanzen angewachsen sind, nur noch, wenn es wirklich nötig ist. Dann allerdings durchdringend, damit das Wasser tief in die Erde im Beet eindringt.

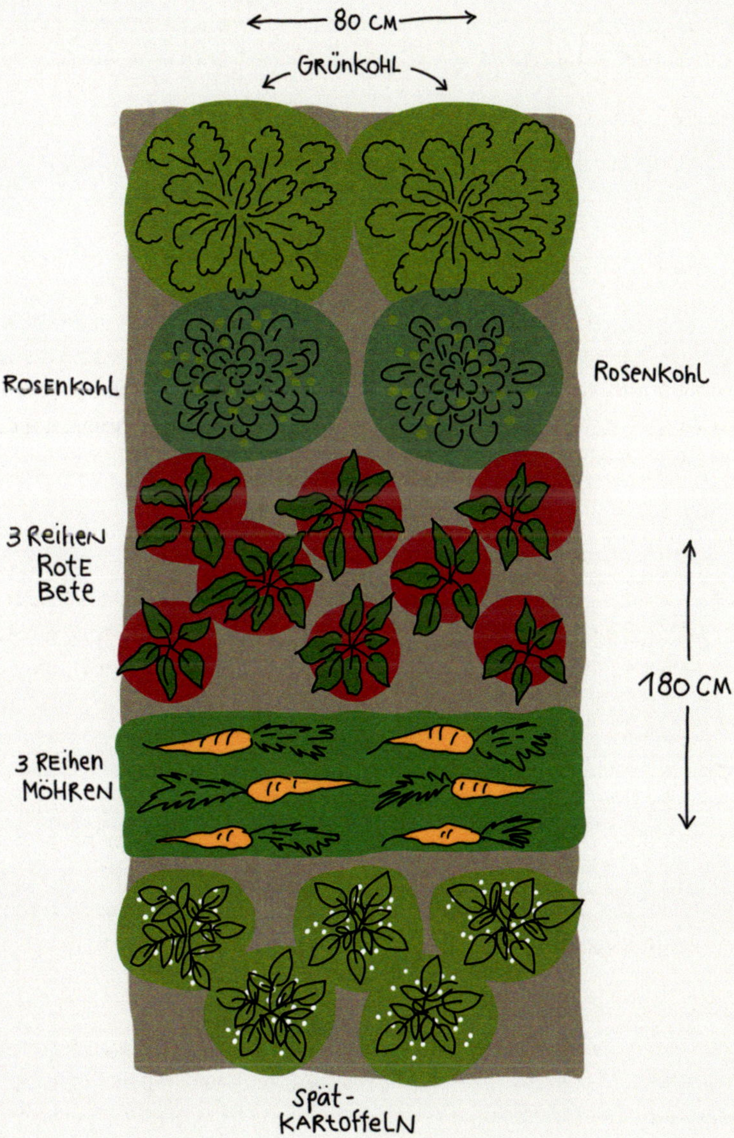

KREATIV & CLEVER GESTALTEN:

Grünkohl
Lagermöhre
Rosenkohl
Rote Bete
Spätkartoffel

TIPP

Weitere geeignete Arten fürs Sommerurlaubs-Beet sind: Herbst-Endivie, Kopfkohl, Kürbis, Mangold und Pastinaken.

WENIG-GIESSEN-HOCHBEET

Ein Beet, das auch in den heißen Sommermonaten kaum oder nur wenig gegossen werden muss – welcher Gartenbesitzer wünscht sich das nicht? Ganz ohne gießen geht es allerdings nicht, insbesondere auf einem Hochbeet, das ja schon durch die Materialschichtung in seinem Inneren einen guten Wasserabzug verspricht. Doch wir verraten Ihnen ein paar Tricks.

GEWUSST WIE

Wer Arbeit und Aufwand fürs Gießen so weit als möglich minimieren möchte, dem raten wir zu einer Kombination aus schlauen Kulturmaßnahmen (Seite 112), Bewässerungssystemen (ab Seite 116), einem leicht schattigen Standort und möglichst anspruchslosen Kulturen, die auch mal Trockenheit vertragen. Ein Nicht-gießen-Hochbeet par excellence ist natürlich das Kräuter-Hochbeet (Seite 94) mit mediterranen, trockenheitsverträglichen Pflanzen.

GENÜGSAME KULTUREN

Eines vorneweg: Kurz nach der Aussaat oder dem Auspflanzen ins Beet müssen alle Gemüsearten gegossen werden! Sind die Pflanzen erst einmal gekeimt bzw. angewachsen, gibt es in puncto Trockenheitsverträglichkeit allerdings große Unterschiede. Arten mit langer Vegetationszeit stecken trockene Phasen besser weg als Gemüse, das in kurzer Zeit reift.

WANN ANLEGEN?

Im Frühjahr, solange die Erde noch feucht ist, die Temperaturen niedrig sind, das Wasser weniger schnell verdunstet, lohnen sich Aussaaten auf jeden Fall. Auch trockenheitstolerante Wurzelgemüsearten möglichst früh aussäen, dann haben sie bis zu den heißen Sommermonaten noch genug Zeit, in die Tiefe reichende Wurzeln zu bilden. Im heißen Sommer hingegen verzichten Sie besser auf die Aussaat von Gemüse und setzen stattdessen selbst vorgezogene oder gekaufte Jungpflanzen.

BEET INFO

ERNTE +++
SCHMUCK ++
TOLL ANZUSEHEN V–IX
PFLEGEAUFWAND ΨΨΨ
STANDORT ☀–◐

DAS WENIG-GIESSEN-HOCHBEET PFLEGEN

Wurzelgemüse wie zum Beispiel Möhren, Pastinaken, Rote Bete, Kartoffeln, aber auch Zwiebeln und Knoblauch halten Trockenheit relativ gut aus, da ihre Wurzeln in tiefere Erdschichten reichen, die noch Feuchtigkeit enthalten. Trotzdem tut eine gelegentliche Wasserversorgung im hochsommerlichen Hitzestress auch diesen Pflanzen gut.

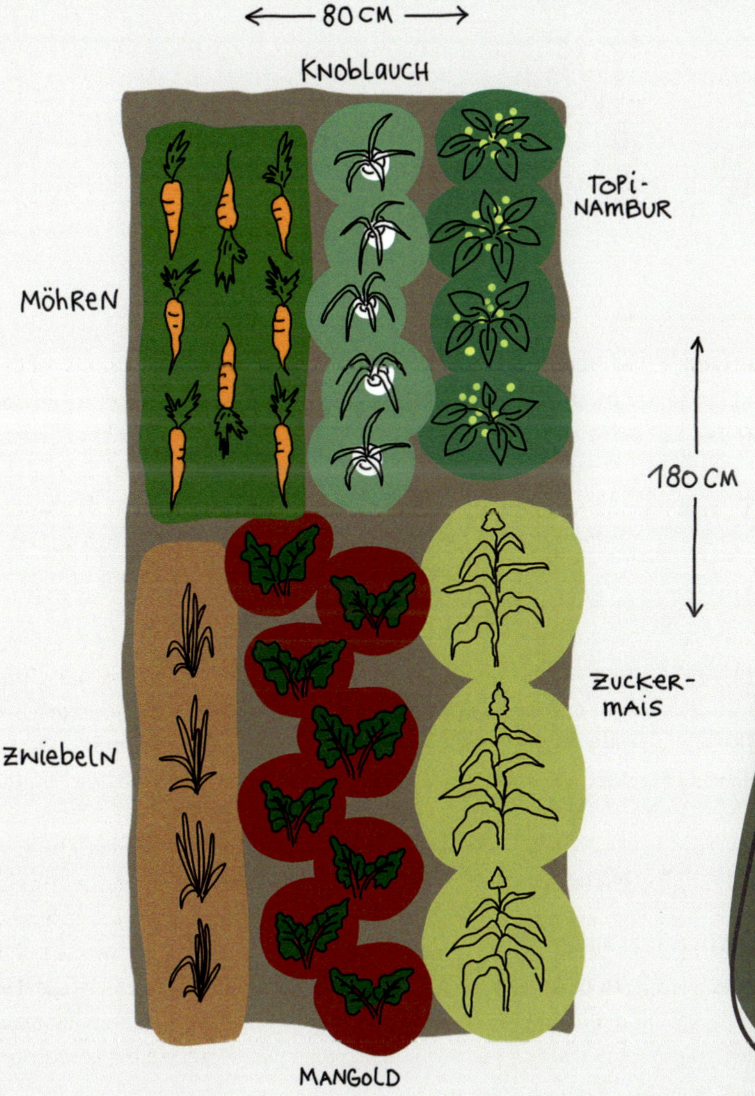

KREATIV & CLEVER GESTALTEN:

Knoblauch

Mangold

Möhre

Topinambur

Zuckermais

Zwiebel

TIPP

Weitere geeignete Arten fürs Wenig-gießen-Beet sind: Kartoffeln, Pastinaken, Rettich, Rote Bete und Rucola. Buschbohnen und Zuckerschoten kommen erst nach der Blüte mit wenig Wasser zurecht.

SCHÖN-&-ESSBAR-HOCHBEET

Sieht das, was wir vom Hochbeet ernten und mit Genuss essen und verarbeiten, nicht nur auf dem Teller, sondern bereits auf dem Beet schön aus, macht Gärtnern gleich noch mehr Spaß! Denn auch Gemüse und Salat müssen nicht nur einheitlich grün sein, sondern können mit bunten Farben und interessanten Strukturen aufwarten.

BUNTES DUO: GEMÜSE & BLUMEN

Ein Hochbeet kann auch bunt! Entsprechende Sorten von Gemüse und Salat sorgen auf dem Hochbeet für eine farbenprächtige Zusammenstellung, die nichtsdestotrotz auch essbar ist. Einer unserer Favoriten für diesen Zweck ist buntstieliger Mangold, der recht unkompliziert im Anbau und meistens ziemlich ertragreich ist. Mit einem – ebenfalls essbaren – Blumenpartner an seiner Seite, wie kräftig orangefarben blühenden Ringelblumen, wird die Kombination zum attraktiven Blickfang.

FARBENPRÄCHTIGES GEMÜSE

In der Familie der Kohlgewächse finden sich auffällig viele farbenprächtige Vertreter. Angefangen vom naturgemäß violett gefärbten Rotkohl über lila- und rosafarbene Sorten von Blumen- und Rosenkohl bis zu violetten Kohlrabisorten – hier können Sie aus dem Vollen schöpfen. Auch viele Salate mit grünen oder braunroten oder gar gefleckten Blättern eignen sich; ebenso wie leuchtend orangegelbe Zucchini oder Kürbisse.

WANN ANLEGEN?

Für die Anlage eines „Schön-&-essbar-Hochbeets“ gibt es keinen speziellen Zeitraum. Je nachdem, in welchem Standjahr sich Ihr aktuelles Hochbeet gerade befindet, wählen Sie am besten unter den vorgeschlagenen bunten Pflanzenarten diejenigen aus, die hinsichtlich ihres Nährstoffbedarfs zu Ihrem Beet passen. Einjährige Blüher wie Ringelblume und Co. können Sie immer zu allen Pflanzenkombinationen dazu gesellen.

BEET INFO

ERNTE +++
SCHMUCK +++
TOLL ANZUSEHEN V–IX
PFLEGEAUFWAND 🍴🍴
STANDORT ☀

DAS SCHÖN-&-ESSBAR-HOCHBEET PFLEGEN

Bei der Pflege eines „Schön-&-essbar-Hochbeets“ sind die Ansprüche der einzelnen Kulturen maßgebend. Setzen Sie als Farbtupfer nützliche Blumen wie Ringelblume, Studentenblume oder Kapuzinerkresse dazu, die bestimmte Schädlinge und Krankheiten abhalten, haben Sie den Pflegeaufwand bereits reduziert.

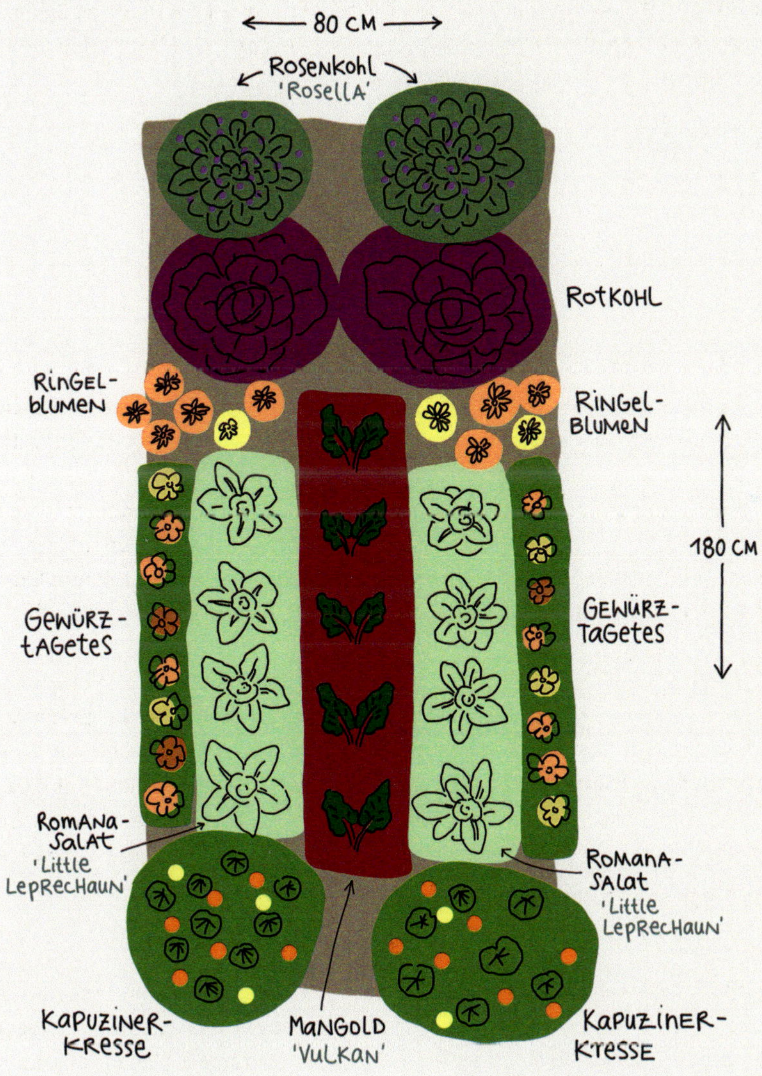

KREATIV & CLEVER GESTALTEN:

Gewürztagetes

Kapuzinerkresse

Mangold 'Vulkan'

Ringelblume

Romanasalat 'Little Leprechaun'

Rosenkohl 'Rosella'

Rotkohl

TIPP

Weitere geeignete Arten fürs „Schön-&-essbar-Hochbeet“ sind: Blumenkohl 'Graffiti', Brokkoli 'Violet Queen', Kohlrabi 'Blaro' und Radicchio.

INSEKTEN-HOCHBEET

Im Garten begegnen uns immer wieder verschiedene Krabbler und Brummer. Insektenarten, die uns die Ernte an Gemüse und Obst streitig machen, sind meistens unbeliebt. Doch andere sind wirklich unverzichtbar, wenn wir weiterhin ernten und pflanzen wollen – den meisten Gärtnern ist das bewusst, nicht erst, seit das Insektensterben in aller Munde ist.

INSEKTEN WILLKOMMEN!

Ohne hungrige Schädlingsvertilger oder eifrige Bestäuber, deren Anzahl vielerorts mangels geeigneter Nahrungspflanzen, Nist- und Versteckmöglichkeiten zurückgeht, wäre es um unsere Gärten und Pflanzen bald schlecht bestellt. Warum also nicht einmal ein Hochbeet unter dem Motto „Imbiss für Schmetterling, Biene, Hummel und Co.“ anlegen?

WANN ANLEGEN?

Als Insektenweide eignet sich ein Hochbeet dann, wenn die Nährstoffe in seinem Inneren durch einige Jahre Gemüseanbau weitgehend aufgebraucht sind – nach etwa vier bis fünf Jahren. Denn die meisten Insektenfutterpflanzen brauchen nur wenig Nährstoffe. Einjährige Arten im April oder Mai direkt ins Beet säen; mehrjährige ab Mai auspflanzen. Alternativ können Sie auch ein Gemüse-Hochbeet mit einzelnen Insektenweide-Pflanzen ergänzen.

DAS INSEKTEN-HOCHBEET PFLEGEN

Unser blühendes Restaurant für Biene und Co. bedarf keiner speziellen Pflege, vom Wässern bei Trockenheit abgesehen. Einige Arten können Sie nach der Hauptblüte zurückschneiden; sie entwickeln dann meist noch einen weiteren Blütenflor. Wollen Sie den Insektenbesuchern des Gartens zusätzlich auch noch Unterschlupf bieten, empfiehlt sich die Anbringung von Insektenhotels und einfachen Nisthilfen.

IM LAUF DER JAHRE

Für ein Insekten-Hochbeet für eine Saison eignen sich einjährige Arten; für die dauerhafte Variante eine Mischung aus blühenden Kräutern und mehrjährigen Blütenstauden.

BEET INFO

ERNTE +
SCHMUCK +++
TOLL ANZUSEHEN IV–IX
PFLEGEAUFWAND
STANDORT

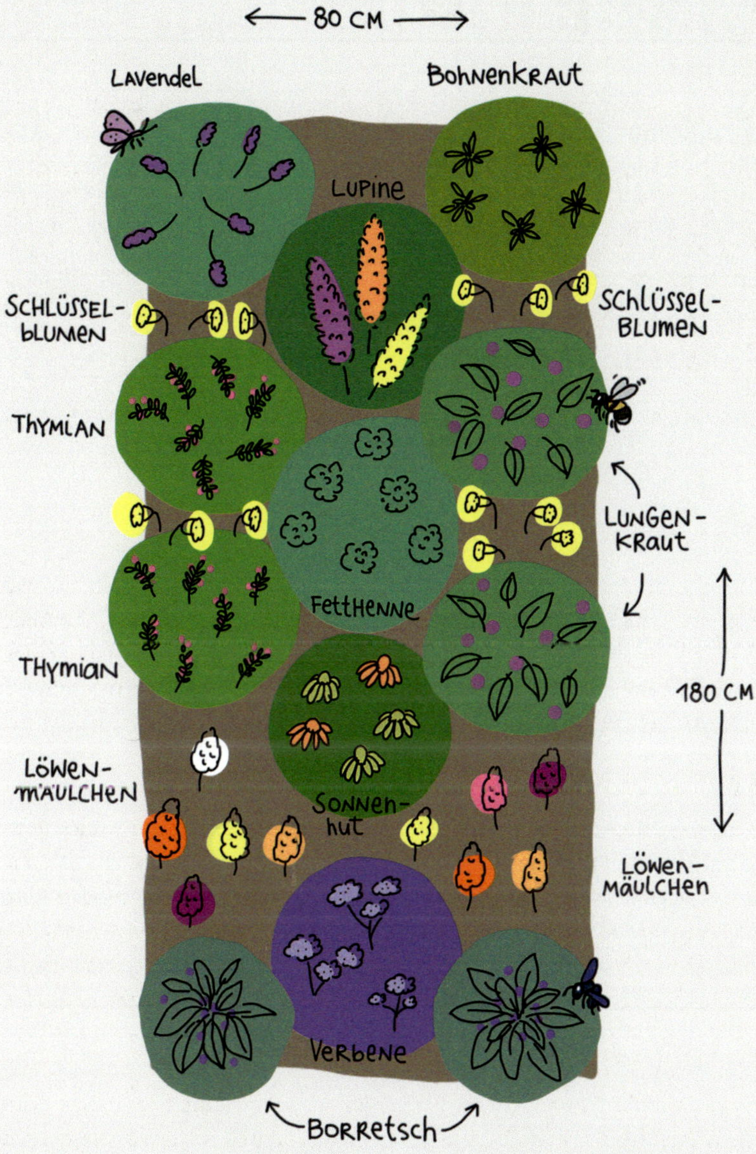

KREATIV & CLEVER GESTALTEN:

Berg-/Winter-Bohnenkraut
Wild-/Honigbienen

Borretsch
Wild-/Honigbienen, verschiedene Schmetterlinge

Fetthenne
Wild-/Honigbienen, verschiedene Schmetterlinge

Lavendel
Wild-/Honigbienen, verschiedene Schmetterlinge

Löwenmäulchen
Hummeln

Lungenkraut
Hummeln

Lupine
Wild-/Honigbienen, Hummeln

Malve
Hummeln, verschiedene Schmetterlinge

Schlüsselblume
Wild-/Honigbienen, Zitronenfalter

Sonnenhut
Wild-/Honigbienen, verschiedene Schmetterlinge

Thymian
Wild-/Honigbienen, Hummeln

Verbene
Wild-/Honigbienen, verschiedene Schmetterlinge (u. a. Taubenschwänzchen)

TIPP

Weitere geeignete Arten fürs Insekten-Beet sind: Glockenblume, Goldlack, Lobelie, Malve, Phlox, Ringelblume, Storchschnabel, Zinnie, Fenchel, Dill, Salbei, Oregano, Ysop und Anis-Ysop.

BLACKBOX-GARDENING-HOCHBEET

Ein neuer Trend beim Gärtnern ist das sogenannte Blackbox-Gardening. Nach diesem Prinzip, bei welchem der Gärtner möglichst wenig eingreift und die Natur machen lässt, können einzelne Beete, Gartenbereiche oder ganze Gärten gestaltet werden. Es entwickelt sich eine ganz eigene Dynamik; vieles wird dem Zufall überlassen.

DIE PFLANZEN ENTSCHEIDEN!

Eine Blackbox (englisch „schwarzer Kasten") meint ursprünglich ein in sich geschlossenes, komplexes System, das aber nur von außen betrachtet wird. Auf den Garten übertragen bedeutet das, dass eine Pflanzengemeinschaft sich selbst organisiert. Der Gärtner fungiert lediglich als Initiator und ist dann nur noch Beobachter. „Der Gärtner denkt, die Pflanze lenkt" beschreibt recht gut, wie das System funktioniert.

Wer nicht gleich den ganzen Garten dem Zufallsprinzip überlassen möchte, kann das Blackbox-Gardening einfach in einem begrenzten Bereich ausprobieren – warum nicht ein Hochbeet dafür wählen? Ein Grundpfeiler des Blackbox-Gardenings ist die Verwendung sich selbst versamender Pflanzen. Dazu gehören eine ganze Reihe Zier- und Gartenpflanzen, doch auch bestimmte Gemüsearten bzw. samenfeste Sorten kommen im Folgejahr ganz von allein wieder, wenn sie sich am jeweiligen Standort versamen durften.

BEET INFO

ERNTE ++

SCHMUCK +++

TOLL ANZUSEHEN V–IX

PFLEGEAUFWAND (1 Gabel)

STANDORT (Sonne)

WANN ANLEGEN?

Ein Blackbox-Gardening-Hochbeet entsteht am einfachsten dann, wenn auf dem Beet etwa ein bis zwei Jahre zuvor bereits Gemüsearten kultiviert wurden, die sich leicht selbst versamen bzw. samenfest sind (hier kann der Gärtner mit geschickter Planung in den Jahren zuvor schon den Grundstein legen).

DAS BLACKBOX-GARDENING-HOCHBEET PFLEGEN

Auf unseren Hochbeeten versamen sich Tomatillos meist reichlich: Sie tragen so viele Früchte, dass einzelne beim Ernten übersehen werden, zu Boden fallen und die Samen dort im nächsten Frühjahr keimen. Auch Feldsalat, Rucola, Stielmus, Spinat und Asia-Salate sowie Ringelblumen, Kapuzinerkresse, Borretsch, Dill und Knoblauch sorgen für Selbstaussaat, sofern man sie zur Blüte kommen lässt. Die weitere Pflege richtet sich natürlich nach den Gemüsearten, die jeweils auf Ihrem Beet wachsen.

KREATIV & CLEVER GESTALTEN:

Asia-Salate

Borretsch

Fleischtomate 'Ochsenherz' (samenfest)

Kapuzinerkresse

Kirschtomate 'Black Cherry' (samenfest)

Radieschen

Ringelblume

Spinat

Tomatillo

TIPP

Weitere geeignete Arten fürs Blackbox-Beet sind: Feldsalat, Knoblauch, Rettich, Rucola, Stabtomate 'Green Zebra' (samenfest), Stielmus, Zwiebeln, Dill und Oregano.

KRÄUTER-HOCHBEET

Auch Kräuter wollen hoch hinaus! Insbesondere jene Arten, die aus dem mediterranen Raum stammen und viel Licht und Hitze lieben, profitieren von der erhöhten Position: Sie bekommen auf einem Hochbeet mehr Sonne und Wärme ab als auf einem Beet am Boden, entwickeln dadurch mehr Aroma und mehr Geschmack.

WANN ANLEGEN?

Idealerweise funktionieren Sie ein Hochbeet etwa ab dem vierten oder fünften Jahr zum Kräuterbeet um. Dann sind die Nährstoffe aus dem Verrottungsmaterial im Inneren weitgehend abgebaut und somit die Verhältnisse für Kräuter, die zum größten Teil wenig oder keinen Dünger benötigen, nahezu ideal. Ein günstiger Zeitpunkt ist das Frühjahr, etwa ab April/Mai. Dann ist das Beet entweder schon frei von Bewuchs oder die letzten Winterkulturen werden abgeräumt. Anschließend die Erde gut auflockern – und schon können verschiedene Kräuter eingesetzt werden.

DAS KRÄUTER-HOCHBEET PFLEGEN

Die meisten Kräuter sind hinsichtlich ihrer Pflegeansprüche recht einfach zu handhaben – so auch auf einem Hochbeet. Wichtig ist, dass Pflanzen ähnlicher Wuchsstärke miteinander kombiniert werden, damit nicht ein starkwüchsiges Kraut ein anderes, schwachwüchsigeres verdrängt. Regelmäßiges Ernten bzw. Zurückschneiden besonders wüchsiger Kandidaten hilft, für Ausgewogenheit auf dem Beet zu sorgen.

IM LAUF DER JAHRE

Auf einem Kräuter-Hochbeet findet kein großer Wechsel in Bezug auf die verschiedenen Pflanzenarten statt. Günstigerweise bepflanzen Sie etwa drei Viertel der Beetfläche mit ausdauernden, mehrjährigen Arten, die dann dauerhaft – auch während des Winters – auf ihrem Beetplatz bleiben. Ein Viertel des Beetes können Sie für einjährige Kräuter (zum Beispiel Basilikum, Majoran) reservieren, die dort jedes Jahr etwa ab Mai neu ausgesät werden.

BEET INFO

ERNTE +++
SCHMUCK +++
TOLL ANZUSEHEN V–IX
PFLEGEAUFWAND
STANDORT

Die zweijährige Petersilie kann alle paar Jahre das Hochbeet besiedeln, denn sie sollte nach einem einmaligen Anbau erst nach einer drei- bis vierjährigen Pause wieder auf denselben Platz im Beet gesetzt werden; ansonsten wächst sie nur kümmerlich.

KREATIV & CLEVER GESTALTEN:

Blut-Ampfer

Currykraut

Gold-Oregano 'Aureum'

Lavendel

Orangen-Thymian

Rosmarin

Salbei

Schnittknoblauch

Schnittlauch

Thymian

Ysop

Zitronen-Thymian

TIPP

Weitere geeignete Arten fürs Kräuter-Beet sind: Rotbrauner Salbei 'Purpurascens', Dreifarbiger Salbei 'Tricolor' und Gelbbunter Salbei 'Aurea' sowie Oregano (*Oreganum vulgare*) und Oregano 'Hot & Spicy'.

JEDEN-MONAT-ERNTEN-HOCHBEET

Wäre das nicht großartig: Ein Hochbeet, von dem Sie tatsächlich rund ums Jahr, Monat für Monat, etwas ernten können? Werden kälteunempfindliche Wintergemüse und -salate in die Planung mit einbezogen und vielleicht eine Abdeckung für besonders kalte Tage bereitgehalten, steht diesem andauernden Ernteglück nichts im Wege.

NÜTZLICHES ZUBEHÖR

Für die Wintermonate empfehlen wir eine Abdeckung des Hochbeets. Diese kann entweder fest installiert oder ein leicht abnehmbarer, passender Frühbeetaufsatz sein. Eine temporäre, über Drahtbügel gespannte Folie bzw. ein Vlies erfüllen denselben Zweck. Dieses Zubehör verschafft Ihrem Gemüse einerseits ein paar Grad Wärme, andererseits ist es eine enorme Ernteerleichterung, wenn zum Beispiel der winterliche Feldsalat nicht mit klammen Fingern unterm Schnee herausgegraben werden muss.

WINTERERNTE

Selbst im Winter kann einiges vom Hochbeet geerntet werden – eine Extraportion frischer Vitamine ist um diese Jahreszeit besonders willkommen! Asia-Salate, Endivie, Feldsalat, Rucola, Winterportulak (Postelein), Stielmus, Spinat und Gartenkresse erweisen sich als knackige Wintersalate; Wirsing, Grünkohl, Rosenkohl, Winterrettich und andere herzhafte Genüsse sind von November bis Februar erntereif.

WANN ANLEGEN?

Wollen Sie das ganze Jahr über von Ihrem Hochbeet ernten, müssen Sie die entsprechenden Zeitfenster für Aussaat bzw. Pflanzung gut im Auge behalten. Außerdem ist die richtige Sortenwahl bei bestimmten Gemüsearten entscheidend. So gibt es zum Beispiel Früh- und Lager- bzw. Spätsorten von Möhren oder Kohl, frostharte und zur Überwinterung geeignete Sorten von Spinat und Rosenkohl oder schossfeste Sommersorten verschiedener Salate.

BEET INFO

ERNTE +++
SCHMUCK ++
TOLL ANZUSEHEN V–IX
PFLEGEAUFWAND
STANDORT

DAS JEDEN-MONAT-ERNTEN-HOCHBEET PFLEGEN

Gießen bzw. hacken und mulchen insbesondere während der heißen Sommermonate sind wichtig, um eine reiche Ernte zu erreichen. Außerdem müssen die Pflanzen gemäß ihrem Nährstoffbedarf versorgt werden: entweder direkt von der „Nährstoff-Fabrik" Hochbeet oder durch gezielte zusätzliche Düngung.

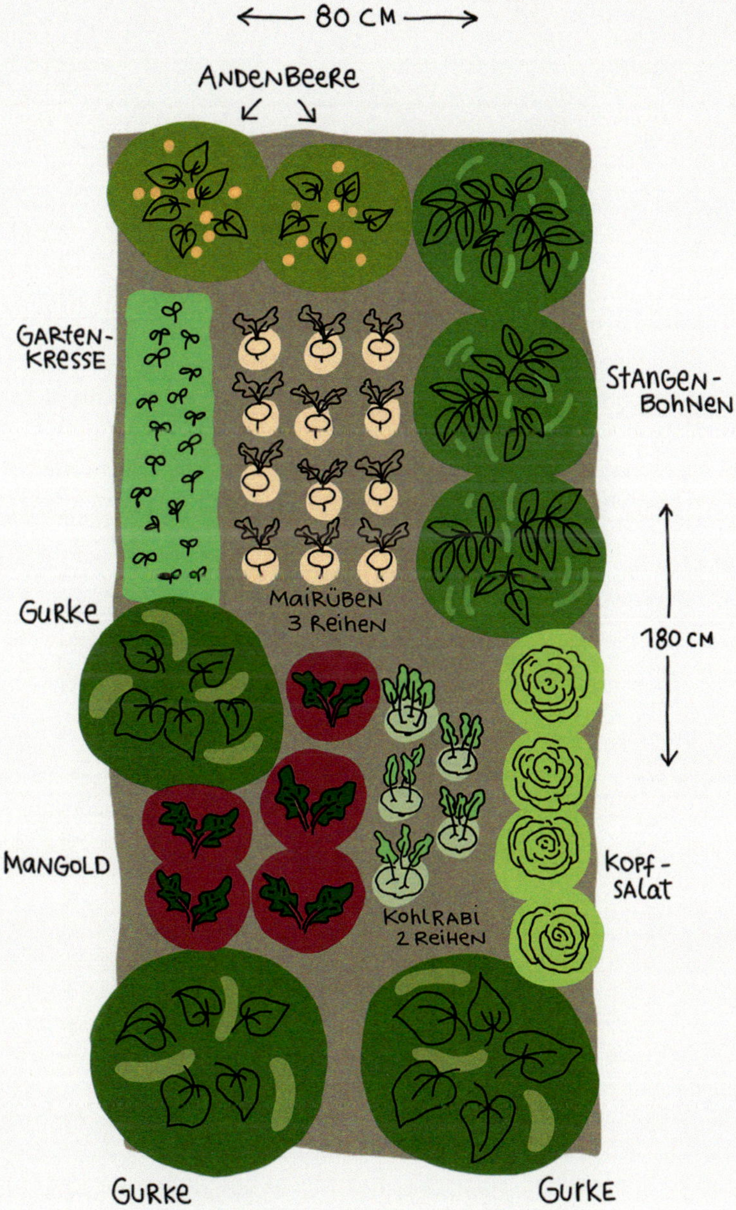

JEDEN-MONAT-ERNTEN-BEET IM JULI:

Andenbeere

Gartenkresse

Gurke

Kohlrabi

Kopfsalat

Mairübe

Mangold

Stangenbohne

TIPP

Wann weitere Gemüse erntereif sind, sehen Sie in der Übersicht auf Seite 150/151.

OBST-&-FRÜCHTE-HOCHBEET

Wer nur ein Hochbeet hat, kann wohl kaum Obst und Beeren ernten? Das stimmt nicht ganz, denn auch dort können Erdbeeren und verschiedene Beerensträucher oder -hochstämmchen wachsen. Der Vorteil: Wurde die Höhe der Pflanzen auf die Beethöhe abgestimmt, ist eine Ernte der leckeren Früchte so praktisch und mühelos wie nie zuvor.

EIN ERDBEER-HOCHBEET: WANN ANLEGEN?

Der Klassiker in Sachen Obst auf dem Hochbeet sind Erdbeeren. Bei der Pflege und Ernte der bodennahen Früchtchen profitieren Sie ganz besonders von der rückenfreundlichen Höhe der Beets. Erdbeeren können entweder im März/April oder im Juli/August gepflanzt werden. Als Mittelzehrer hinsichtlich ihres Nährstoffbedarfs eignen sich Erdbeeren für den Anbau auf dem Hochbeet im dritten bis vierten Jahr nach seiner Anlage. In späteren Jahren muss der Nährstoffbedarf der Pflanzen durch eine Düngung sichergestellt werden (5 Liter Kompost pro Quadratmeter).

Werden die Erdbeeren im Frühjahr gepflanzt, sollten Sie nach dem Winter eventuell abgesunkene Erde auffüllen, diese sich mindestens vier Wochen setzen lassen und direkt vor dem Pflanzen nochmals gut auflockern. Als Nachbarn zwischen den Erdbeeren eignen sich Spinat, Feldsalat, Salat, Zwiebeln und Lauch.

Neben den großfrüchtigen Gartenerdbeeren empfehlen wir Ihnen die nahezu dauertragenden, robusten Monatserdbeeren, die kontinuierlich vom Frühsommer bis zum Herbst Früchte tragen.

BEET INFO

ERNTE +++
SCHMUCK ++
TOLL ANZUSEHEN V–IX
PFLEGEAUFWAND 🍴🍴🍴
STANDORT ☀

GEMISCHTES BEEREN-HOCHBEET

Neben einem reinen Erdbeer-Hochbeet können Sie ein Hochbeet auch mit einer Mischung aus verschiedenem Beerenobst wie zum Beispiel Johannisbeer-, Stachelbeer- oder Maibeerensträuchern bepflanzen. Damit Sie die Beeren bequem ernten können, empfehlen sich Beethöhen von höchstens 50–70 cm. Da die Sträucher jahrelang auf dem Hochbeet verbleiben, sieht die Schichtung im Beetinneren anders aus als bei Gemüse-Hochbeeten. Unten hinein kommt eine Drainageschicht aus Kies und Bruchsteinen, darüber ein Gärtnervlies und darauf eine Mischung aus Muttererde und Kompost.

DAS BEEREN-HOCHBEET PFLEGEN

Erdbeeren und Beerensträucher sind für eine Mulchabdeckung des Bodens dankbar. Je nach Standort des Hochbeets und regionaler Witterung empfiehlt sich als Winterschutz eine temporäre Ummantelung des Beets mit Styroporplatten, die ein Durchfrieren bei niedrigen Temperaturen verhindern und nach dem Winter entfernt werden.

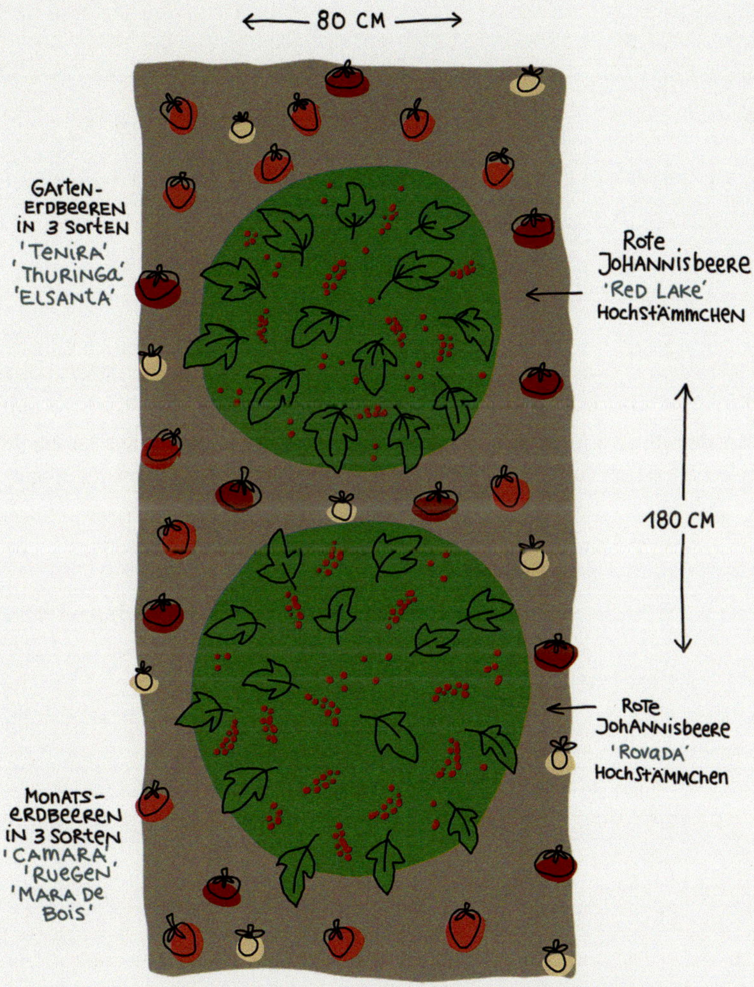

TIPP

Weitere geeignete Arten fürs Obst-&-Früchte-Beet sind: Maibeere 'Amur', Maibeere 'Blue Velvet', Stachelbeere 'Gelbe Invicta' und 'Hinnonmäki gelb' sowie Weiße Johannisbeere 'Blanca'.

KREATIV & CLEVER GESTALTEN:

Gartenerdbeere 'Elsanta'
braucht leichtes Substrat; großfrüchtig; erst nach etwa 3 Jahren wieder am selben Standort anbauen

Gartenerdbeere 'Tenira'
blüht über dem Laub, dadurch kaum Grauschimmel; oft noch eine zweite Ernte im Spätsommer; geeignet für mehrjährige Kultur

Gartenerdbeere 'Thuriga'
zweimal tragend; geeignet für mehrjährige Kultur

Monatserdbeere 'Camara'
rosafarbene Blüten; bildet Ausläufer; ☺

Monatserdbeere 'Mara des Bois'
sehr robust; ☺

Monatserdbeere 'Rügen'
buschiger Wuchs; ☺

Rote Johannisbeere 'Red Lake'
aromatisch, sehr reichtragend; mittelfrüh; ☺

Rote Johannisbeere 'Rovada'
sehr reichtragende Spätsorte; mittelstark wachsend; ☺

MEDITERRANES-GEMÜSE-HOCHBEET

Weshalb für Liebhaber der mediterranen Küche nicht ein Hochbeet mit den passenden Gemüsearten und -sorten anlegen? Dann sind die Zutaten für Pizza, Pasta und Salate immer gleich erntefrisch zur Hand. Für den Anbau von Tomaten ist eine Überdachung des Beets vorteilhaft, ansonsten probieren Sie es mit robusten Freilandsorten.

MEDITERRANE GENÜSSE DIREKT VOM BEET

Wir haben die Sorten für das Mediterrane-Gemüse-Hochbeet insbesondere für ihre Verwendung in der Küche ausgewählt: Welche sind besonders aromatisch und geschmackvoll? Natürlich können Sie sie auch durch andere Lieblingssorten ersetzen. Beim Rosmarin, der im Freien nicht zuverlässig winterhart ist, raten wir, ihn in einen Topf zu setzen und mitsamt diesem ins Hochbeet. So kann er bei den ersten Frösten herausgenommen und im Haus überwintert werden.

WANN ANLEGEN?

Tomaten, Paprika, Gurken und Auberginen werden am besten auf dem Fensterbrett vorgezogen oder als vorkultivierte Jungpflanzen gekauft und erst nach den Eisheiligen (Mitte/Ende Mai) ins Hochbeet gesetzt. Von März bis September kann laufend Pflücksalat und Rucola auf freie Beetplätze zwischen das andere Gemüse gesät werden. Das wärmeliebende Basilikum wird frühestens Mitte/Ende Mai ins Beet gesät; im Haus überwinterter Rosmarin kann mitsamt dem Topf etwa ab April ins Beet einziehen.

BEET INFO

ERNTE +++
SCHMUCK ++
TOLL ANZUSEHEN V–IX
PFLEGEAUFWAND ΨΨΨ
STANDORT ☀

DAS MEDITERRANE BEET PFLEGEN

Die typisch mediterranen Gemüsearten wie Tomaten, Paprika, Gurken, Auberginen zählen hinsichtlich ihres Nährstoffbedarfs zu den Starkzehrern, wachsen daher also gut auf einem neu angelegten bzw. etwa ein bis zwei Jahre alten Hochbeet. Ist der „Hochbeet-Effekt“ nicht mehr gegeben, muss ihr Nährstoffhunger mit einer entsprechenden Düngung gestillt werden. Salate und Kräuter brauchen hingegen nur wenig Nährstoffe; sie wachsen entweder zwischen dem

Gemüse oder danach und geben sich mit dem zufrieden, was an Nährstoffen noch für sie abfällt. Ansonsten müssen Tomaten aufgebunden oder nach oben geleitet und ausgegeizt werden (Ausnahme: Buschtomaten). Alle Fruchtgemüse brauchen während der heißen Sommermonate eine ausreichende Bewässerung.

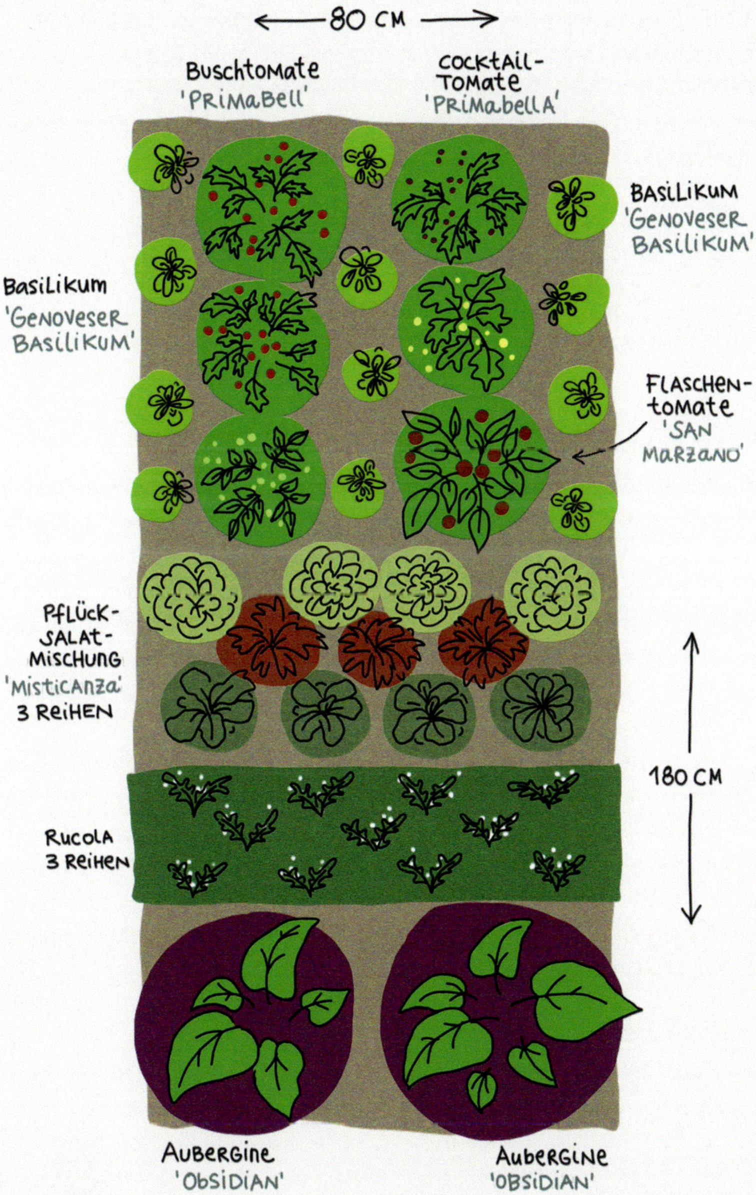

KREATIV & CLEVER GESTALTEN:

Buschtomate/ Zwergtomate 'Primabell'
kleine, süße Früchte, reichtragend; kompakt, niedrig, robust, muss nicht ausgegeizt werden

Cocktailtomate/ Stabtomate 'Primabella'
aromatisch, süß-säuerlich; robust, für Freilandanbau, samenfest

Flaschentomate/ Stabtomate 'San Marzano'
süß-fruchtig; krankheitstolerant, äußerst robust, hervorragend für Freilandanbau;

Aubergine 'Obsidian'
runde, violette Früchte; robust, für Freilandanbau, samenfest

Pflücksalat 'Lollo rossa'
aromatisch; sehr wüchsig, kann mehrmals beerntet werden;

Rucola
aromatisch-würzig; kann mehrmals beerntet werden;

'Genoveser' Basilikum
großblättrig, intensives Aroma; liefert ständig junge Triebe und Blätter

WURZELN-&-KNOLLEN-HOCHBEET

Welches Hochbeetgemüse ist wenig pflegeaufwendig, hat ein weites Erntezeitfenster, lässt sich lagern und ist gesund? In einem Hochbeet voller Wurzeln und Knollen wachsen genau diese Arten. Die Mitglieder verschiedener Pflanzenfamilien bilden rübenartige, unterirdische Speicherorgane, die häufig Stärke als Speicherstoff enthalten.

BEET INFO

ERNTE +++
SCHMUCK ++
TOLL ANZUSEHEN V–IX
PFLEGEAUFWAND 🍴🍴🍴
STANDORT ☀

IDEAL ZUM LAGERN

Egal ob Möhre, Knollensellerie oder Steckrübe: Alle Arten von Rüben lassen sich, vom Laub befreit und nur trocken gesäubert, nicht gewaschen, grundsätzlich gut lagern. Dazu eignet sich ein kühler (etwa 2–8 °C), frostfreier Keller oder ähnlicher Raum mit etwa 80–90 % Luftfeuchte. Dort bewahren Sie das Wurzelgemüse am besten in einer Kiste mit feuchtem Sand oder in Zeitungspapier eingeschlagen auf. Fehlt ein geeigneter Lagerraum, kann auch eine Erdmiete oder eine ausrangierte Waschmaschinentrommel, die mäusesicher in die Erde eingegraben wird, zum Einlagern dienen.

WANN ANLEGEN?

Den Auftakt im Wurzeln-&-Knollen-Hochbeet machen Wurzelpetersilie, Winterrettich, Pastinaken und Früh- oder Sommersorten von Möhren – sie können ab März/April ausgesät werden. Im April/Mai werden verschiedene Kartoffelsorten gelegt; besonders empfehlenswert ist ein vorheriges Antreiben der Knollen an einem kühlen, frostfreien, hellen Ort etwa sechs bis acht Wochen vor dem Pflanztermin. Von April bis Juni können Sie Rote Bete aussäen; von Mai bis Juni/Juli wird Knollensellerie gepflanzt und Lagermöhren ausgesät. Als Letztes sind Teltower Rübchen, Herbstrüben und Winterrettich von Juli bis August mit der Aussaat an der Reihe.

DAS KNOLLEN-HOCHBEET PFLEGEN

Kartoffeln und Knollensellerie sind Starkzehrer; für diese Arten ist ein neu angelegtes bzw. etwa ein bis zwei Jahre altes Hochbeet ideal. Mittel- und

Schwachzehrer wie zum Beispiel Möhren, Rote Bete und verschiedene Rüben können als Lückenfüller zwischen den starkzehrenden Kulturen oder in einem älteren Hochbeet gut gedeihen. Beachten Sie dabei jedoch die verwandtschaftlichen Verhältnisse der einzelnen Gemüsearten (Seite 50) und wählen demnach für die Bestückung des Hochbeets solche aus, die gut zusammenpassen (Seite 54/55). In einem nicht mehr ganz neuen Hochbeet muss ansonsten durch Düngung die entsprechende Nährstoffversorgung der Pflanzen sichergestellt werden. In puncto Wasser ist Wurzelgemüse genügsam.

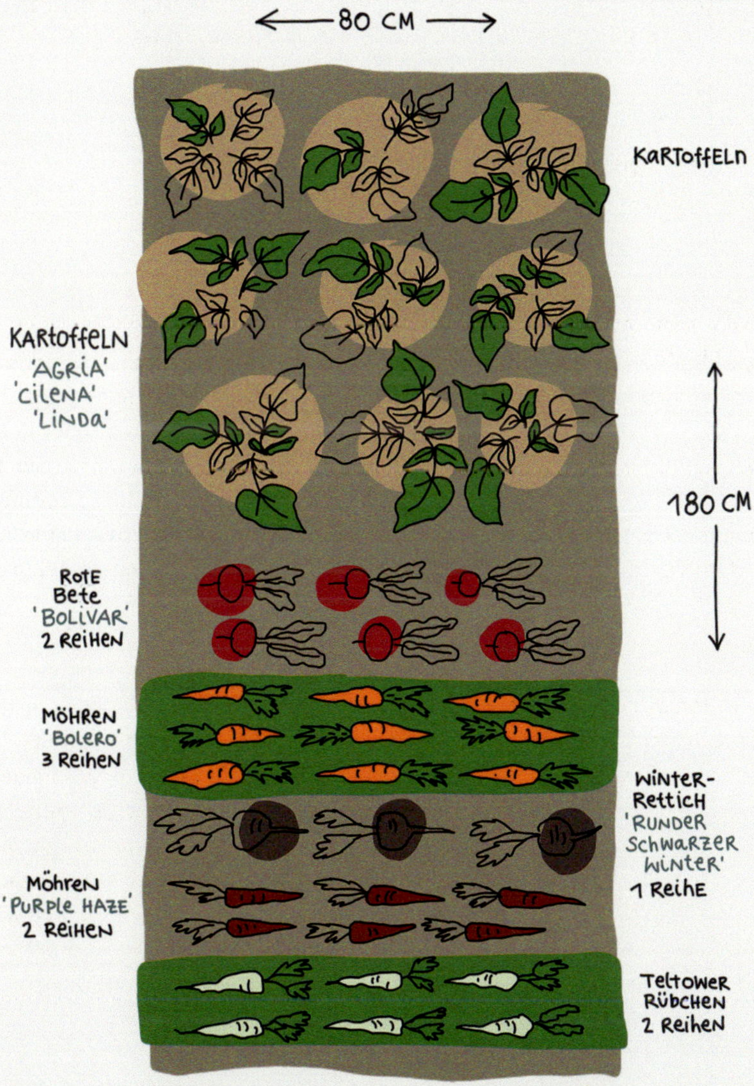

KREATIV & CLEVER GESTALTEN:

Kartoffel 'Agria'
gelbfleischig, gelbschalig; vorwiegend festkochend, sehr gut lagerfähig

Kartoffel 'Cilena'
gelbfleischig, gelbschalig; festkochend, lagerfähig

Kartoffel 'Linda'
gelbfleischig, gelbschalig; festkochend, gut lagerfähig;

Möhre 'Bolero'
orange; Lagersorten

Möhre 'Purple Haze'
außen rot-violett, innen orange; lagerfähig;

Rote Bete 'Bolivar'
rot, rund; gut lagerfähig, reichert wenig Nitrat an

Teltower Rübchen
kleine, gelbliche Rübchen; mild-süß; gedeihen besonders gut in sandigem Substrat;

Winterrettich
'Runder Schwarzer Winter'
rund, schwarze Schale; gut lagerfähig;

WENIGER WASSER SCHLEPPEN

Mulchen – Hacken – Clever bewässern

INHALT

INTELLIGENT GESCHICHTET

Die Schichtung im Inneren eines Hochbeets, die durch ihre Verrottung der Nährstoffversorgung und Wärmeproduktion dient („Hochbeet-Effekt"), gewährleistet auch einen guten Wasserabzug. Das ist wichtig, denn die meisten Gemüse und Kräuter vertragen keine Staunässe, die die Wurzeln schädigt oder sogar verfaulen lässt und Pilzkrankheiten begünstigt.

WENN WASSER SCHNELL VERSICKERT …

Was im Frühjahr und Herbst von Vorteil ist, kann in den heißen Sommermonaten auch zum Nachteil gereichen: In einem sehr locker aufgeschichteten Hochbeet-Innenleben versickert das Gießwasser besonders schnell. Wachsen auf Ihrem Hochbeet genügsame, trockenheitsverträgliche Küchenkräuter wie zum Beispiel Salbei und Thymian, ist das kein Problem. Doch die meisten Salat- und Gemüsekulturen und insbesondere deren Saaten und Jungpflanzen brauchen eine anhaltende, gleichmäßige Bodenfeuchtigkeit und sind zwischenzeitlichem Austrocknen gegenüber äußerst empfindlich. Ein erhöhter Wasserverbrauch und ein vermehrter Gießaufwand sind die Folge.

CLEVER BAUEN TIPP

Um der untersten Schicht aus Ästen etc. mehr Stabilität zu verleihen, können Bestandteile wie Steine, Schotter oder Bruchziegel hinzugefügt werden. Damit lässt sich diese Lage besser verdichten, Wasser versickert weniger schnell.

DIE ERDE MACHT'S

Es ist wichtig, beim Bau des Hochbeets bzw. bei der Aufschichtung des groben und lockeren Drainage-Materials in seinem Inneren gut darauf zu achten, dieses soweit als möglich zu verdichten. Das sollte insbesondere dann der Fall sein, wenn das Substrat, das heißt die Erde, die Sie später auffüllen, eher locker und durchlässig ist und das Gießwasser gut ablaufen lässt. Ist Ihre Hochbeeterde hingegen schwer und lehmig, speichert sie das Wasser besser und der Unterbau aus Ästen und Zweigen darf auch etwas lockerer aufgeschichtet werden.

Es gehört ein wenig Fingerspitzengefühl dazu, Schichtung und Substrat jeweils gut aufeinander abzustimmen, doch je mehr Hochbeete Sie bauen, desto versierter werden Sie dabei werden.

BENTONIT SPEICHERT WASSER

Zusätzlich kann die zum Befüllen des Beets verwendete Erde mit Bentonit vermischt werden. Dabei handelt es sich um ein tonhaltiges Gestein oder Tonmineral, das durch die Verwitterung vulkanischer Aschen entstanden ist und welches für eine verbesserte Wasserspeicherfähigkeit der Erde sorgt. Sogenannter Naturbentonit ist frei von chemischen Zusatzstoffen und seine Zusammensetzung und physikalischen Eigenschaften machen ihn zu einem hochwertigen Bodenhilfsstoff. Zur besseren Wasserspeicherung in der Hochbeeterde empfehlen wir etwa 100–500 g Naturbentonit pro Kubikmeter Erde.

TIPPS & TRICKS

Haben Sie ein Holzhochbeet auf den Innenseiten mit einer Noppenfolie ausgekleidet, hilft auch das, Gießwasser einzusparen, denn ansonsten wird ein Teil des Wassers von der Holzoberfläche der Seitenwände aufgenommen. Das hat gleichzeitig den Nachteil, dass das Holz dauerhaft feucht bleibt und dadurch schneller verrottet. Mit einer Folieninnenverkleidung hingegen bleibt das Holz trocken und das Wasser im Erdreich – optimal!

Ein weißer oder heller Anstrich der Hochbeetaußenseiten, insbesondere auf der südexponierten Seite, oder eine entsprechende Verkleidung kann dazu dienen, eine starke Aufheizung der Erde im Inneren und damit eine schnelle Wasserverdunstung zu minimieren.

Äste, Zweige und ähnlich grobes Material bei der Hochbeetbefüllung schön dicht einschichten, damit später das Gießwasser nicht zu schnell versickert.

PFLANZEN GUT ERZIEHEN

Um Wasser und Arbeit fürs Gießen einzusparen, ist es insbesondere auf einem Hochbeet wichtig, die dort wachsenden Pflanzen entsprechend zu „erziehen". Denn allein schon wegen seiner Schichtung im Inneren, die einerseits einen guten Wasserabzug gewährleistet, sind Hochbeete andererseits im Sommer meist durstige „Wasserschlucker".

WASSER-MANAGEMENT

Daher ist es umso wichtiger, sich die richtige Gießtechnik anzueignen, denn gießen ist nicht gleich gießen! Je nachdem, wann, wie und in welchen Mengen gegossen wird, reagieren auch die auf dem Beet wachsenden Pflanzen unterschiedlich und können mit einer angepassten Gießtechnik durchaus dazu gebracht werden, mit weniger Wasser auszukommen. Haben Sie allerdings frisch gesät oder Jungpflanzen gesetzt, ist tägliches Gießen unumgänglich, damit die Saat rasch keimt und die jungen Pflänzchen gut anwachsen können.

Eine Gießkanne mit schmaler Gießöffnung ist ideal, um das Wasser direkt an die Pflanzenbasis zu bringen und nicht die ganze Pflanze zu benässen.

GEWUSST WANN

Gießen Sie, wenn möglich, in den kühlen Morgenstunden, nie während der heißen und sonnigen Zeit, da sonst ein Großteil des Wassers durch die Sonneneinstrahlung nutzlos verdunstet. Außerdem sollten Boden und Pflanzen in den kühleren Nachtstunden möglichst trocken sein. Das beugt einem möglichen Pilzbefall vor und lockt weniger Schnecken an. Außerdem ist auch abends der Boden meist noch so warm, dass ein Teil des Wassers nutzlos verdunstet.

Wer morgens keine Zeit zum Gießen hat, muss jedoch zwangsläufig auf abendliches Gießen ausweichen. Dann sollte Ihr Hochbeet zumindest gegen Schnecken gut geschützt sein (Seite 134).

RICHTIG GIESSEN

Gießen Sie gezielt nur die einzelnen Pflanzen, anstatt den ganzen Bestand großflächig zu überbrausen. Einerseits sparen Sie auf diese Weise einiges an Gießwasser und andererseits vermeiden Sie weitgehend ein Benetzen von Blättern und Blüten, was ansonsten zur leichteren Ausbreitung von Pilzkrankheiten führen kann. Es ist immer besser, weniger oft und möglichst gründlich und durchdringend zu gießen, damit auch tiefere Bodenschichten gut durchfeuchtet sind, anstatt häufig geringere Wassermengen auszubringen. Etwa bis in 20 cm Tiefe sollte der Boden danach feucht sein. Um das zu erreichen, können je nach Witterung und Bepflanzung bis zu 20 Liter Gießwasser pro Quadratmeter nötig sein. Auf diese Weise werden die Pflanzen dazu angeregt, mehr und längere Wurzeln zu bilden, mit denen sie auch in tieferen Erdschichten noch Wasser finden und aufnehmen können. Eine so erzogene Pflanze trotzt Trockenheit und Hitzestress weitaus besser als eine mit ständigen Wassergaben verwöhnte Pflanze.

Jungpflanzen oder Aussaaten müssen auf jeden Fall immer ausreichend gegossen werden.

DURST-STRESS?

Häufig beginnen die Gemüsepflanzen auf einem Hochbeet schon nach wenigen heißen Tagen ohne zusätzliche Wassergabe zu welken. Die Blätter hängen schlaff herab und das Wachstum stockt. Gleichzeitig signalisiert auch nicht jedes herabhängende Blättchen schon den absoluten „Durst-Stress"! Machen Sie die Fingerprobe: Fühlt sich die Erde auch in etwa 10–12 cm Tiefe trocken an, dann ist gießen angesagt.

DURST-KÜNSTLER

Auf jeden Fall sollten Sie Pflanzen, die von Haus aus mit wenig Wasser auskommen, auch auf dem Hochbeet nur sparsam gießen. Dazu gehören verschiedene mediterrane Kräuter wie Thymian, Rosmarin, Salbei und Co., aber auch Zwiebeln und Knoblauch oder Wurzelgemüse wie Möhren, Pastinaken und Topinambur (Seite 87).

PFLEGE TIPP

Auch die Wuchsformen der einzelnen Pflanzen unterscheiden sich hinsichtlich ihres Wasserverbrauchs: Gemüse mit großen Blättern benötigt mehr Wasser, da über die große Blattfläche mehr Wasser verdunstet wird.

WASSER CLEVER NUTZEN

Die Sommer werden immer heißer und trockener und zum Gießen von Kräutern, Salat und Gemüse wird eine Menge Wasser benötigt. Was liegt näher, als Regenwasser zur Bewässerung der Beete zu sammeln? Wir stellen Ihnen im Folgenden verschiedene Möglichkeiten vor, wie Sie anfallendes Regenwasser – und „Restwasser“ aus dem Haushalt – clever nutzen können.

REGENWASSER: VIELE VORTEILE

Gesammeltes Regenwasser ist nicht nur eine preisgünstige Bewässerungsalternative zur Verwendung von Trinkwasser aus dem Wasserhahn, sondern tatsächlich auch besser für die Pflanzen. Denn meistens hat es einen geringeren Wasserhärtegrad als unser Trinkwasser, das oft sehr kalkhaltig ist. Außerdem ist das Wasser, aus der Regentonne entnommen, meistens schon leicht angewärmt, bevor es aufs Hochbeet kommt, was den Pflanzen ebenfalls gut bekommt. Darüber hinaus schont die Verwendung von Regenwasser die Umwelt. Unser Trinkwasser durchläuft meistens eine aufwendige Aufbereitung, die Energie und Rohstoffe verbraucht, bevor es aus dem Wasserhahn kommt – ein Aufwand, der zum Gießen von Gartenpflanzen nicht notwendig ist.

REGENWASSER NUTZEN

Die einfachste Möglichkeit, Regenwasser zu sammeln, sind Wassertonnen, die direkt durch einen Regenablauf aus der Dachrinne befüllt werden. Können Sie die Regentonne dann noch in der Nähe des Hochbeets positionieren und haben von dort mit der Gießkanne kurze Wege zu Ihrem Gemüse, ist das ideal! Zum Schutz vor Stechmücken (die ihre Eier gerne in gefüllten Regenfässern ablegen) hilft ein Deckel, den man zum Schöpfen abnimmt bzw. bei großen Tonnen zur Hälfte umklappen kann. Das bewahrt außerdem auch Tiere und kleine Kinder vor dem Hineinfallen. Wir leeren unsere Wassertonnen alle zwei bis drei Wochen vollständig, um vermehrten Mückenbefall zu vermeiden.

WASSER AUS DER ZISTERNE

Möchten Sie in größeren Mengen Wasser aus der Leitung einsparen und stattdessen Regenwasser zum Gießen Ihres Hochbeets und anderer Gartenbereiche verwenden, lohnt sich möglicherweise die Anschaffung einer Zisterne (lateinisch: „unterirdischer Wasserbehälter“). Es handelt sich dabei um

CLEVER BAUEN TIPP

Praktisches Zubehör zu etwas komfortableren Regentonnen: ein Überlaufschutz, damit eine volle Tonne nicht die Umgebung überflutet, und ein Ablaufhahn – einfach Gießkanne drunterstellen und befüllen.

ins Erdreich eingegrabene Auffangbecken für Regenwasser in verschiedenen Formen und Größen, gemauert, aus Beton oder aus Kunststoff, die über Fall- und Zuleitungsrohre Regenwasser sammeln und als praktisches Wasserreservoir dienen.

WASSERTANK

Scheuen Sie vielleicht den Aufwand, eine Zisterne auf dem Gartengrundstück einzugraben? Dann können Sie sich auch mit oberirdisch aufgestellten Regenwassertanks aus weißem Kunststoff behelfen, die Sie als kostengünstige Alternative zum Beispiel im Landhandel erhalten. Die Tanks stehen in einer Gitterbox, haben meist ein Fassungsvermögen von 1 000 Liter und sind mit Befüll- und Ablassöffnungen versehen. Mit diesem passenden Zubehör ermöglichen sie eine komfortable Nutzung. Im weißen Kunststoffbehälter heizt sich außerdem das Wasser unter Sonneneinstrahlung nicht übermäßig auf und kann direkt zum Gießen der Pflanzen verwendet werden.

„UNSCHÄDLICHES" SCHMUTZWASSER

Wer noch mehr Wasser einsparen möchte, kann in seiner Küche einen Eimer oder eine Gießkanne aufstellen, in der „unschädliches" Schmutzwasser gesammelt und nachher zum Gießen verwendet werden kann. Das ist zum Beispiel Wasser, welches beim Gemüsewaschen oder Eierkochen anfällt oder beim Erhitzen von Tee- und Kaffeewasser übrig bleibt. Sie werden staunen: Da kommt eine ganze Menge an Wasser zusammen!

BRUNNEN ODER WASSERPUMPE

Wer sich autonom mit eigenem Wasser versorgen will, kann dies mit einem eigenen Brunnen und einer Wasserpumpe erreichen. So ist man auch von Regenwasser unabhängig.

Eine simple Regentonne am Auslauf der Dachrinne zum Sammeln von Gießwasser ist ideal – wenn möglich, installieren Sie am besten gleich mehrere davon!

MULCHEN & HACKEN

Je besser die Beschaffenheit des Bodens in Ihrem Hochbeet ist, umso wassersparender und somit effektiver können Sie gießen. Herrscht eine gute Bodenstruktur vor, wie sie durch regelmäßiges Mulchen und Hacken entsteht, benötigen Sie deutlich weniger Gießwasser; das verwendete Wasser wird von den Pflanzen besser aufgenommen.

Eine Mulchschicht rund um die Pflanzen hilft, Gießwasser zu sparen.

HACKEN SPART GIESSEN

„Einmal hacken spart dreimal gießen" lautet eine alte Gärtnerregel. Damit hat es Folgendes auf sich: Ein gut gelockerter Boden nimmt Regen- und Gießwasser besser auf, das Wasser gelangt leichter an die Wurzeln der Pflanzen. Außerdem steigt in einem lockeren Boden die Feuchtigkeit, die sich noch in den tieferen Schichten befindet, nicht so schnell nach oben, wo sie verdunsten würde, sondern wird im Erdreich gespeichert. Auch Verkrustungen und Verschlämmungen der Bodenoberfläche, wie sie häufig nach starken Regenfällen und anschließenden Trockenphasen entstehen, behindern die Wasseraufnahme von Erdreich und Pflanzenwurzeln. Durch regelmäßiges Hacken werden sie beseitigt.

RICHTIG HACKEN

Mit einer kurzstieligen Hacke oder einem Handkultivator („Gartenkralle") lockern Sie zwischen den Pflanzen nur die obere Bodenschicht auf. Aber keinesfalls zu tief hacken, sonst werden möglicherweise Pflanzenwurzeln beschädigt oder Mikroorganismen und andere Bodenlebewesen gestört. Wird hingegen durch eine Lockerung der oberen Bodenschicht diese auch durchlüftet, erhalten die dort lebenden Kleinstlebewesen zusätzlichen Sauerstoff,

Regelmäßiges, vorsichtiges Hacken zwischen den Kulturpflanzen im Beet entfernt Unkrautbewuchs; gleichzeitig lockert und durchlüftet es die oberste Bodenschicht.

was ihre Aktivität erhöht. Dadurch wiederum wird für Pflanzen notwendiger Stickstoff im Erdreich verfügbar gemacht.

IDEALE KOMBI: HACKEN & MULCHEN

In mäßig trockenen Sommern kommen Sie mit dem Prinzip des Hackens zur Gießwassereinsparung ganz gut über die Runden. Sie müssen allerdings jedes Mal, wenn ein heftiger Regenschauer niedergegangen ist, der den Boden wieder verschlämmt hat, einen erneuten Hack-Gang einplanen. Ist der Sommer allerdings ausgesprochen heiß und trocken und auch das Wasser aus tieferen Erdschichten irgendwann aufgebraucht, ist eine Kombination aus vorherigem Hacken und darauffolgendem Mulchen das Mittel der Wahl!

Ein hervorragender Schutz vor Trockenheit auf dem Hochbeet ist eine Mulchschicht – das gilt im Übrigen auch für Gemüsebeete am Boden! Der Mulch reduziert die Verdunstung von Wasser und fördert gleichzeitig das Bodenleben. Ein mit Mulch bedeckter Boden speichert außerdem die Tageswärme länger; auf diese Weise kann sich sogar die Vegetationsperiode etwas verlängern. Unter Mulchen versteht man das gleichmäßige Abdecken des offenen Bodens zwischen den Kulturpflanzen mit organischem Pflanzenmaterial.

WAS DIENT ALS MULCH?

Als Mulchmaterial kann Verschiedenes verwendet werden; je nachdem, was gerade vorhanden oder leicht zu bekommen ist. Das können angetrockneter Grasschnitt, samenlose Unkräuter, Abgeschnittenes von Blumen und Stauden, Heu, Stroh, Laub oder halb verrotteter Kompost sein. Die Mulchbestandteile sollten nicht zu lang und sperrig sein; langes Material zerkleinern Sie am besten durch vorheriges Häckseln oder Zerschneiden.
Wichtig: Rasenschnittgut muss erst gut antrocknen, bevor es als Mulch aufs Beet ausgebracht wird.
Dank der Mulchschicht hält sich die Feuchtigkeit nach dem Gießen länger, es entsteht eine gleichmäßige Bodenfeuchtigkeit, eine gute Bodenstruktur, die Pflanzen wachsen besser und gesünder.

MULCH: WIE WIRD'S GEMACHT?

Üblicherweise soll eine Mulchschicht etwa 5 bis maximal 10 cm hoch sein. Hohe Mulchschichten sind beliebte Schneckenverstecke – doch das Schneckenproblem sollten Sie auf dem Hochbeet mit entsprechenden Maßnahmen weitgehend in den Griff bekommen (Seite 134).
Ist nach einiger Zeit der Boden nicht mehr vollständig bedeckt, muss die Mulchauflage regelmäßig erneuert werden.

GUTE VORBEREITUNG

Bevor gemulcht wird, den Boden im Hochbeet zwischen den Pflanzen durch Hacken auflockern. Dadurch werden feine Kapillaren in der oberen Bodenschicht zerstört, die ansonsten das Wasser aus tieferen Bodenschichten schnell nach oben steigen und verdunsten lassen. Haben Sie bei der Vorbereitung auch ein Auge auf möglicherweise vorhandene Schneckeneier, die unbedingt entfernt werden sollten. Die Bodenlebewesen benötigen für die Zersetzung von Mulch Stickstoff und entziehen diesen dem Boden. Daher ist es ratsam, nach dem Hacken und bevor der Mulch ausgebracht wird, ein paar Handvoll Hornspäne in die Erde einzuarbeiten.

Feiner Holzhäcksel oder Schnittgut von dünnen Zweigen kann ebenfalls als Mulchmaterial auf dem Hochbeet dienen – der Boden trocknet dann weniger schnell aus.

Rasenschnitt fällt fast in jedem Garten an; leicht angetrocknet und dünn ausgebracht gibt er einen hervorragenden Mulch zwischen den Gemüsepflanzen.

BEWÄSSERUNG: LOW BUDGET

Ein Hochbeet bringt viele Vorteile, muss aber – je nach Bewuchs, Alter und Standort – möglicherweise auch öfter gegossen werden als ein Bodenbeet. Wer Zeit fürs Bewässern sparen oder die Urlaubswasserversorgung für sein Beet sicherstellen möchte, kann mit einigen einfachen Tricks ein preisgünstiges Bewässerungssystem auf seinem Beet installieren.

IDEALER WASSERSPEICHER

Ein Bewässerungsverfahren, das sich sogenannter Ollas bedient, wurde früher vorwiegend zur Bewässerung von Gärten in Wüstengebieten eingesetzt. Bei den Ollas (spanisch: „Topf“) handelt es sich um bauchige, poröse, unglasierte Töpfe oder Flaschen aus einfach gebranntem Ton. Diese gräbt man so in die Erde ein, dass nur noch der Flaschenhals herausschaut. Über diesen werden die Tongefäße mit Wasser befüllt, welches das wasserdurchlässige Material der Töpfe dann sehr langsam wieder an die umgebende Erde abgibt.

OLLAS SELBST BAUEN

Ollas zur Bewässerung sind im Fachhandel erhältlich, jedoch nicht gerade preisgünstig und können stattdessen auch selbst gebaut werden. Dazu benötigt man zwei herkömmliche Blumentöpfe aus unglasiertem Ton mit jeweils einem Abzugs-

Wächst das Gemüse, haben sich insbesondere in den Sommermonaten Bewässerungssysteme bewährt – nicht immer sind sie allerdings gleichzeitig so formschön und dekorativ wie diese „Ollas“!

loch im Boden. Die Töpfe sollten sich im Durchmesser etwas unterscheiden, sodass sie sich leicht ineinanderstecken lassen (mit den beiden offenen Seiten zueinander). Im größeren Topf, der nach unten kommt, wird das Abzugsloch mit einem Korken abgedichtet, dann wird der etwas kleinere Topf kopfüber in den anderen hineingestellt, sodass seine Bodenfläche mit dem Abzugsloch nach oben zeigt.

WASSER MARSCH!

Nun ist der „Bewässerungstopf" eigentlich schon fertig und kann – möglichst mittig – im Hochbeet zwischen den Pflanzen eingegraben werden: so tief, dass er fast komplett im Erdreich verschwindet; nur etwa 3–4 cm sollen über die Bodenoberfläche hinausragen, damit das Loch nicht mit Erde zugeschüttet wird. Über dieses Loch wird der Bewässerungstopf mittels Gartenschlauch oder Gießkanne befüllt. Ein flacher Untersetzer kann als Abdeckung dienen, damit nicht ständig Insekten hineinfallen.

Stabiler und beim Eingraben leichter zu handhaben ist das Ganze, wenn die beiden Töpfe nicht nur ineinandergesteckt, sondern mithilfe von zum Beispiel Lehm, Bienenwachs oder Zement fest verbunden werden.

WIE VIEL WASSER?

Mit einem Bewässerungsgefäß, in das etwa 6,5 Liter Wasser passen, können Sie im Normalfall eine Hochbeetfläche von 120 × 120 cm bewässern. Wie lange das Wasser im Topf ausreicht, hängt natürlich vom aktuellen Wetter ab.

Nicht vergessen: Die Tontöpfe sind nicht frosthart, müssen also vor dem Winter wieder ausgegraben werden!

Wurde im Hochbeet frisch ausgesät, ist eine Gießkanne mit Brause zum flächigen Bewässern der Aussaat ideal.

BEWÄSSERUNG: KOMFORT-LÖSUNGEN

Im Fachhandel erhalten Sie verschiedene automatische Bewässerungssysteme. Diese äußerst komfortable Lösung ist zwar meistens nicht ganz billig, hilft jedoch, Zeit und Wasser einzusparen. Von einer Bewässerung über einen Sprühregner oder Ähnlichem raten wir ab; da sie einem Befall mit Pilzkrankheiten Vorschub leistet. Bei Wind oder starker Sonneneinstrahlung geht dabei auch viel Wasser durch Verwehung, Abdrift oder Verdunstung verloren.

WASSER SPAREN

Sinnvoller und Wasser sparender sind hingegen Bewässerungssysteme, die das Wasser entweder mittels Tropfschläuchen oder über kleine, mit Schläuchen verbundene Tonkegel direkt an die Pflanzenwurzeln abgeben und die an einen Wasserhahn (oder eine Pumpe) angeschlossen werden. Da das Wasser nicht versprüht wird, gibt es kaum Verluste durch Verdunstung. Das Wasser versickert langsam und kann auch tiefer ins Hochbeet vordringen.

Sorglos auch mal ein Sommerwochenende wegfahren können Sie, wenn Sie Ihre Hochbeete mit einem Bewässerungssystem mit Zeitschaltuhr versehen.

SYSTEMATISCHE PLANUNG

Ein weiterer Vorteil dieser komfortablen Lösung: Über ein Steuersystem kann die Bewässerung gezielt eingestellt und die Pflanzen beispielsweise auch schon sehr früh am Morgen gegossen werden, wenn die Erde noch taufeucht ist und das Wasser besonders gut aufgenommen wird. Optimal ist eine solche Bewässerung natürlich für Urlaubszeiten; vergessen Sie jedoch nicht, das Ganze in einigen Probedurchgängen vorab zu testen, bevor Sie verreisen.

Tropfschläuche lassen sich gut zwischen in Reihen wachsendem Gemüse verlegen und geben dort ihr Wasser ganz gezielt direkt an den Pflanzen ab.

TROPFSCHLÄUCHE

In der Praxis bewährt hat sich eine Bewässerung über perforierte Tropfschläuche, die entlang der Pflanzenreihen verlegt und mit speziellen Erdklammern an Ort und Stelle fixiert werden. So kommen Ihnen die Schläuche auch beim Pflegen und Ernten des Gemüses nicht in die Quere. Diese Art der Bewässerung ist ausnehmend wassersparend, da das Gießwasser von den Tropflöchern direkt auf die Erdoberfläche gelangt.

TONKEGEL

Ähnlich effektiv funktioniert ein System mit Tonkegeln, die jeweils neben den Pflanzen in die Erde gesteckt werden und die über einen dünnen Schlauch miteinander verbunden sind. So funktionierts: Trocknet die Erde aus, wird durch Saugkraft an den Kegeln der Bewässerungsvorgang ausgelöst. Ist das Erdreich ausreichend durchfeuchtet, wird die Wasserabgabe durch die Oberflächenbewässerung beendet. Besonders praktisch: Sie können die einzelnen Kegel so auf dem Hochbeet anordnen, dass ein differenzierter Wasserbedarf in unterschiedlichen Bereichen des Beetes berücksichtigt werden kann. Dadurch werden verschiedene Pflanzen immer bedarfsgerecht mit Wasser versorgt.

GESUND & GUT VERSORGT

Pflanzen nähren – Nützlinge fördern – Widersacher abschrecken

INHALT

IMMER OPTIMAL VERSORGT

Pflanzen brauchen „Futter", das heißt verschiedenen Nährstoffe, damit sie wachsen, blühen und Früchte bilden können. Drei der wichtigsten Nährstoffe, die sie für ihren Energiestoffwechsel benötigen, sind Kohlenstoff, Wasserstoff und Sauerstoff. Diese werden von den Pflanzen als Gase aus der Luft oder als Bestandteile des Wassers im Boden aufgenommen.

WESHALB DÜNGEN?

Neben Kohlenstoff, Wasserstoff und Sauerstoff benötigen unsere Pflanzen noch weitere Nährstoffe, mit denen wir sie, zum Beispiel durch Düngung, versorgen müssen. Nahezu alle lebenswichtigen Nährstoffe, die die Pflanzen brauchen, befinden sich im Boden. Unserem Gemüsebeet jedoch, von dem durch das Ernten Pflanzen entnommen und auch danach die Pflanzenreste entfernt werden, gehen damit nach und nach die darin gebundenen Nährstoffe verloren. Mit der Zeit wird so der Nährstoffvorrat im Boden geleert – dabei sind ausreichend Nährstoffe im Boden das A und O für eine reiche Ernte! Aufgabe des Gärtners ist es also, durch Düngung und andere Maßnahmen die Nährstoffreserven im Boden immer wieder gezielt aufzufüllen.

TIPP

Wer Kompost herstellt und verwendet, spart beim Dünger, gärtnert nachhaltig und schont die Umwelt! Wenn Sie regelmäßig im Frühjahr Kompost (etwa 2–3 Liter/m²) ausbringen, können Sie auf gekauften Volldünger verzichten.

NÄHRSTOFF-FABRIK HOCHBEET

Ein Hochbeet fördert wie von selbst ein gutes Pflanzenwachstum, da in seinem Inneren eine Menge organisches Material wie Schnittgut, Rasenschnitt und anderer Gartenabfall schlummert, bei dessen langsamer Zersetzung Wärme entsteht, die den Pflanzen zugutekommt. Außerdem werden dabei Nährstoffe freigesetzt, die dann den Pflanzen zur Verfügung stehen – im Grunde ein Beet mit „eingebauter Düngung"!

EIN HOCHBEET IST EIN WARMBEET

Messungen zufolge kann die Temperatur in einem Hochbeet etwa 1–4 °C mehr betragen als in einem vergleichbaren Bodenbeet. Dadurch keimen und wachsen die Pflanzen besser und gleichmäßiger, sind ertragreicher und früher erntereif. Zwei bis drei Ernten in einem Jahr sind nicht ungewöhnlich. Besonders für ausgesprochen wärmeliebende Gemüse und mediterrane Kräuter ist ein Hochbeet daher ideal. Die Wärmeentwicklung trägt außerdem zur besseren Nährstoffversorgung bei, da sie die Arbeit der Bodenlebewesen ankurbelt. Diese sorgen dafür, dass Nährstoffe aus den organischen Bestandteilen aufgeschlossen und für die Pflanzenwurzeln verfügbar gemacht werden.

FUTTER FÜR DIE PFLANZEN

Grundsätzlich werden Gartenpflanzen (und damit auch Gemüsepflanzen) in Starkzehrer, Mittelzehrer und Schwachzehrer unterteilt. Diese Unterscheidung verrät Ihnen, wie viele Nährstoffe eine Pflanze braucht. Zur Düngung empfehlen wir Ihnen organische oder organisch-mineralische Volldünger. Starkzehrer versorgen Sie damit gemäß der Dosierungsangabe des Herstellers auf der Packung, Mittelzehrer mit der halben Dosis, Schwachzehrer mit einem Viertel. Beim Düngen gilt nicht „Viel hilft viel!". Vermeiden Sie eine Überdüngung, unter der einerseits der Boden und das Bodenleben leiden, die andererseits auch zu Wachstumsstörungen der Pflanzen und einer erhöhten Anfälligkeit für Krankheiten und Schädlingsbefall führen kann.

Auch eine Möglichkeit für Pflanzendüngung: Brennnesseljauche.

STARKZEHRER	MITTELZEHRER	SCHWACHZEHRER
Gurken	Chicorée	Bohnen
Kartoffeln	Chinakohl	Erbsen
Kohl	Erdbeeren	Feldsalat
Kürbis	Fenchel	Kräuter
Paprika	Knoblauch	Kresse
Rhabarber	Kohlrabi	Portulak
Sellerie	Lauch	Radieschen
Tomaten	Mangold	Salate
Zucchini	Möhren	Speiserüben
Zuckermais	Pastinaken	Spinat
	Petersilie	Zwiebeln
	Rettich	
	Rote Bete	

IDEAL FÜR STARKZEHRER

Vor allem in den ersten Jahren nach seiner Anlage entsteht durch den „Komposteffekt" im Inneren eines Hochbeets ein hohes Nährstoffangebot. Davon profitieren in erster Linie Kulturen, die besonders nährstoffhungrig sind, das heißt, sie benötigen wesentlich mehr Stickstoff als andere. Starkzehrer finden deshalb in den ersten Jahren auf einem Hochbeet optimale Bedingungen. Auf einem neuen Hochbeet werden daher im ersten Jahr vor allem starkzehrende Kulturen angebaut. Dazu zählen zum Beispiel Weiß-, Rot-, Blumen-, Rosenkohl, Wirsing, Gurken, Kartoffeln, Sellerie, Tomaten und Kürbis. Auch im zweiten Jahr passen diese „Nährstoff-Fresser" noch gut auf das Hochbeet, brauchen dann jedoch oft schon eine zusätzliche Düngung. Diese können Sie zum Beispiel mit einer Handvoll Hornspäne (ca. 100 g/m^2) und Patentkali (ca. 20 g/m^2) abdecken, die im Frühjahr leicht in die obere Bodenschicht eingearbeitet werden.

DIE EINFACHEN: MITTELZEHRER

Neben starkzehrenden Kulturen gibt es sogenannte Mittelzehrer. Das sind Gemüsearten, deren Stickstoffbedarf deutlich geringer ist als der der Starkzehrer. Sie eignen sich bestens für den Anbau auf dem Hochbeet im dritten bis vierten Jahr, wenn der Nährstoffgehalt langsam abnimmt, aber immer noch zu hoch für Salat und Co. ist. Zu den Mittelzehrern gehören zum Beispiel Erdbeeren, Möhren, Knoblauch, Fenchel und Kohlrabi. Auch hier empfiehlt sich eine jährliche Gabe von Hornspänen (ca. 70 g/m^2) und Patentkali (ca. 10 g/m^2).

BIO TIPP

Selbst hergestellte Pflanzenjauchen aus Brennnesseln und Beinwell sind altbewährte organische Flüssigdünger. Damit können Sie Ihre Pflanzen preisgünstig und praktisch mit Stickstoff und Kali versorgen.

ANSPRUCHSLOSES GEMÜSE: DIE SCHWACHZEHRER

Genügsame Gemüsearten, wie zum Beispiel verschiedene Salate, Radieschen, Erbsen, Bohnen, Spinat und ebenso die meisten Kräuter brauchen noch weniger Stickstoff als die beiden anderen, bereits genannten Gruppen. Der Gärtner bezeichnet sie als Schwachzehrer. Bevor Sie solche Kulturen auf Ihrem Hochbeet kultivieren, sollten Sie mindestens vier oder fünf Jahre nach dem Bau abwarten. Denn wenn während des Anbaus dieser Pflanzen ein höheres Stickstoffangebot im Boden vorhanden ist, als sie benötigen, speichern zum Beispiel Salat oder Spinat den überflüssigen Stickstoff in Form von Nitrat in ihren Blättern. Werden diese gegessen, können sich im Körper gesundheitsschädliche Nitrosamine bilden.

IM LAUF DER JAHRE

Im ersten und zweiten Jahr nach der Anlage suchen Sie für die Bepflanzung des Hochbeetes aus unserer Auflistung (Seite 123) nur Gemüsearten aus, die als Starkzehrer bezeichnet werden. Im dritten Jahr wählen Sie mittel- und schwachzehrende Arten; im vierten Jahr kommen nur noch genügsame Schwachzehrer aufs Beet. Je nach verwendetem Füllmaterial, Standort, Wetter- und Witterungsbedingungen in den aufeinanderfolgenden Jahren können Hochbeete im Küchengarten auf diese Weise sechs, manchmal acht oder sogar bis zu zehn Jahre lang genutzt werden, bevor ihr Innenleben erneuert wird und der Nährstoff-Anbau-Kreislauf von Neuem beginnt.

DER HOCHBEET-GARTEN

Haben Sie sich voll und ganz dem Hochbeet-Anbau verschrieben und genügend Platz im Garten? Dann legen Sie günstigerweise über einige Jahre hinweg mehrere solcher Beete an, die dann unterschiedlich alt sind und auf denen dann alle Arten von Gemüse, Salat und Kräutern angebaut werden können. Haben Sie nur ein Hochbeet, dann nutzen Sie es jeweils entsprechend seines aktuell verfügbaren Nährstoffangebots und kultivieren alle anderen Gemüse auf Bodenbeeten oder in Pflanzgefäßen. Steht Ihr Hochbeet schon länger im Garten und Sie haben keine Lust auf die regelmäßige Neubefüllung, dann füllen Sie das Beet einfach alle paar Jahre mit einem Gartenerde-Kompost-Gemisch auf. Dann müssen Sie beim Anbau nicht mehr auf eine jahresweise Abfolge von Stark-, Mittel- und Schwachzehrern achten.

Dem nährstoffhungrigen Kohl gesellen sich die anspruchslosen Ringelblumen gut zur Seite. Sie nehmen mit dem an Nährstoffen vorlieb, was übrig bleibt.

NÜTZLINGE ANLOCKEN

Ungebetene tierische Mitesser, Schadpilze, verschiedene Pflanzenkrankheiten – Sie wären nicht der erste Garten- bzw. Hochbeetbesitzer, dem diese Widrigkeiten den Spaß am eigenen Gemüseanbau verderben. Wenn Sie Nützlinge im Garten und rund ums Hochbeet gezielt fördern, haben viele Schädlinge das Nachsehen und Sie ernten gesundes Gemüse.

Darüber freut sich jeder Gärtner: Die leuchtend roten, als „Glücksbringer" geltenden Marienkäfer sind tatsächlich fleißige Gartenhelfer, um Läuse & Co. in Schach zu halten.

NÜTZLINGE NUTZEN DEM GARTEN

Lange Zeit wurden Pflanzenkrankheiten und tierische Schädlinge auch im Hausgarten vorwiegend mit Chemie bekämpft. Auf diese Weise werden allerdings meistens nicht nur die unerwünschten Schadorganismen, sondern auch gleichzeitig viele Nützlinge geschädigt oder getötet, ganz zu schweigen von der chemischen Verunreinigung von Boden und Gemüse – Letzteres können wir dann auch nicht mehr wirklich mit Appetit essen… Doch es geht auch anders. Viele tierische Nützlinge bieten einen natürlichen Schutz für unseren Garten und unsere Pflanzen. Sie vertilgen nicht nur Schädlinge, sie können noch mehr: Sie zersetzen unsere Pflanzenabfälle, verbessern die Erde und bestäuben die Pflanzen. Auch wenn der Schutz, den Nützlinge bieten, nicht vollkommen sein kann, so fällt er durchaus ins Gewicht!

Verschiedene Insekten wie dieser Bockkäfer leisten dem Gärtner unverzichtbare Dienste, indem sie die Kulturpflanzen bestäuben.

ALLE VÖGEL SIND SCHON DA ...

Unsere heimischen Gartenvögel sind ein hervorragender und völlig kostenfreier „Pflanzenschutzdienst“, was Schadinsekten wie Blattläuse, Raupen und Gemüsefliegen betrifft. Sorgen Sie dafür, dass Meisen, Spatzen und andere Vögel ausreichend Nist- und Unterschlupfmöglichkeiten in Ihrem Garten vorfinden, dann werden sie sich dort bald heimisch fühlen. Geeignete Nisthilfen für verschiedene Vogelarten gibt es als Bausätze zum Selbermachen oder bereits fertig im Fachhandel. Befestigen Sie die Kästen gut – am besten an einem Pfahl – und bringen Sie darunter einen Katzenschutz an.

Neben dem „Hotel“ ist natürlich auch ein “Restaurant“ nötig, um die gefiederten Helfer im Garten zu etablieren und dort zu halten. Wer zur Winterszeit Futterstellen für verschiedene Gartenvögel einrichtet, sorgt dafür, dass diese im Frühjahr, wenn die Gartensaison beginnt und erste tierische Mitesser auftauchen, rechtzeitig für ihren Einsatz bereitstehen.

OPTIK TIPP

Weshalb nicht einen Vogelnistkasten an einer langen Stange direkt am oder neben dem Hochbeet anbringen? So haben die fleißigen Insektenjäger Schädlinge, die sich möglicherweise am Gemüse einstellen, gleich im Visier.

Wer Singvögeln in seinem Garten Nistplätze und Nahrung anbietet, sichert sich die rege Unterstützung der gefiederten Helfer.

HECKEN-VERSTECKE

Haben Sie etwas Platz in Ihrem Garten, können Sie in Form verschiedener Sträucher wie zum Beispiel Heckenrose, Weißdorn oder Sanddorn zusätzlich natürliche Futterquellen und Nistmöglichkeiten für Vögel schaffen. Durch ihre Stacheln und Dornen bieten diese Gehölze den Piepmätzen sichere Nist- und Versteckmöglichkeiten. Beginnt dann die Brutzeit, fangen und verfüttern die gefiederten Insektenjäger große Mengen an Schädlingen. Denn selbst viele Vegetarier der Vogelwelt verfüttern Insekten an ihre Nachkommenschaft. Neben Blau- und Kohlmeisen sind Haus- und Gartenrotschwanz, Rotkehlchen, Zaunkönig, Grün- und Buntfink und viele andere Singvögel eifrige Insektenvertilger. Darüber hinaus bringt das muntere Treiben der zwitschernden Besucher Leben und Vielfalt in unsere Gärten.

TIERISCHE HELFER

Neben zahlreichen Vögeln, die insbesondere während der Brutzeit große Schädlingsvertilger und somit erstklassige Gartenhelfer sind, gibt es auch noch andere Tiere, auf deren Speiseplan Schnecken, schädliche Larven wie zum Beispiel Engerlinge, Kartoffelkäfer und weitere Pflanzenschädlinge stehen. Mit verschiedenen Maßnahmen gelingt es meist recht schnell, im Garten Refugien für diese Tiere zu schaffen, die uns dann einen großen Teil der unerwünschten Mitesser abnehmen.

EIN GARTEN FÜR DEN IGEL

Ein willkommener, mittlerweile allerdings stellenweise schon selten gewordener Gast in vielen Gärten ist der Igel. Wenn Sie Ihren Garten – oder zumindest einen Teilbereich – möglichst naturnah gestalten und ein paar wilde Ecken schaffen, unterstützen und fördern Sie damit den possierlichen Stachelträger. Er wird sich durch die ein oder andere Schneckenmahlzeit revanchieren. Ast- oder Laubhaufen, dichte Gebüsche und Hecken, geschützte Plätze unter der Terrasse oder im Gartenhaus können dem Igel als Schlafplatz, Kinderstube oder Winterquartier dienen. Daher: Aufgetürmte Ast-, Reisig- oder Laubhaufen im späten Herbst nicht mehr abräumen – vielleicht hat sich dort schon ein Igel für den Winter eingerichtet.

DIE MAUS, DIE KEINE IST

Oft zu Unrecht als Gartenschädling betrachtet, ist die Spitzmaus eigentlich gar keine Maus, gräbt weder Gänge noch nagt sie Wurzeln an, sondern ernährt sich – wie übrigens auch der Igel – von Insekten, Engerlingen, Maulwurfsgrillen und Schnecken. Damit sind die possierlichen Tiere mit der langen spitzen Schnauze und dem samtigen Fell fleißige Gartennützlinge. Laubhaufen, ungestörte Plätze unter Laubsträuchern oder -hecken dienen ihnen als Lebensraum.

KRÖTEN & CO.

Kröten, Frösche, Eidechsen und Blindschleichen sind ebenfalls ein Grund zur Freude für jeden Gärtner. Zur Lieblingsspeise der Erdkröte zählen zum Beispiel Nacktschnecken, Kartoffelkäferlarven und verschiedene andere Insektenlarven, Falter wie Kohl- und Erdeulen, Rapsglanzkäfer, Fliegen, Raupen und Asseln. Kröten und Blindschleichen lieben es eher feucht und dunkel. Ihnen kann man im Garten Laub- oder Reisighaufen, Totholz, auf den Boden gelegte Bretter, Wildstrauchhecken, krautige Pflanzen oder Höhlen in Trockensteinmauern und Steinhaufen als geschützte Lebensräume anbieten. Ebenso sind der Bewuchs rund um einen Gartenteich oder auch ein Komposthaufen für diese Tiere interessante Habitate.
Kröten überwintern in Erdhöhlen, unter Wurzeln, Holz, Laub oder Steinen, im Kompost, in einer wilden Gartenecke oder sogar im Gewächshaus. Eidechsen hingegen brauchen sonnige, geschützte Plätze wie unbewachsene Bodenstellen, einzelne frei liegende Feldsteine, Steinhaufen oder Trockenmauern. Versteckte Winkel dienen als Unterschlupfmöglichkeiten und zur Abkühlung.

HEIMLICHE HELFER IM GARTEN

Vögel, Igel, Kröten und andere Tiere, die uns bei der Dezimierung von Pflanzenschädlingen im Garten unterstützen, nehmen wir oftmals – trotz ihrer teilweise heimlichen Lebensweise – eher wahr als das Heer von Insekten, Brummern und Krabblern, die ebenfalls ihren nicht zu unterschätzenden Beitrag zur Regulierung tierischer Gartenschädlinge leisten. Viele von ihnen sind darüber hinaus an der Bestäubung unserer Gartenpflanzen und der Verbesserung und Belebung unseres Gartenbodens beteiligt.

TIPP

In einem naturnahen Garten mit vielfältigem Pflanzenbewuchs, unterschiedlichen Strukturen, wenig gemähten Grasflächen und „wilden Ecken“ finden sich zahlreiche tierische Helfer von selbst ein.

NÜTZLICHE JÄGER

So werden zum Beispiel die häufig auftretenden Blattläuse von Schlupfwespen, Florfliegen, Schwebfliegen, Marienkäfern und deren Larven vertilgt. Auch Ohrwürmer sind große Jäger: Sie ernähren sich in der Hauptsache von Blattläusen, Schildläusen und Raupen. Ein ausgewachsenes Tier kann in einer Nacht bis zu 120 Blattläuse erbeuten! Auch Gartenlaufkäfer, Spinnen und Hundertfüßer gehören zu den für uns nützlichen Räubern. Wer ein Gewässer im Garten oder in der Nähe hat und jagende Libellen beobachtet, wird feststellen, dass auch sie zahlreiche Schadinsekten wegfangen.

INSEKTEN-REFUGIEN

Machen Sie Ihren Garten durch eine möglichst naturnahe Gartengestaltung und einen Verzicht auf Pestizide zum vielfältigen, artenreichen Refugium für verschiedene Insekten – das ist die beste Voraussetzungen für weitgehend gesundes, unbelastetes und schädlingsfreies Gemüse! Verschiedene Schlupfwespenarten und räuberische Laufkäfer nutzen zum Beispiel liegen gelassenes Totholz als Wohnraum, indem sie ihre Gänge im morschen Holz anlegen. Die geschlüpften Tiere machen einerseits Jagd auf verschiedene Gartenschädlinge; andererseits sind die Eier und Larven im Holz auch willkommene Leckerbissen für Igel, Kröten und Gartenvögel, die ebenfalls zur tierischen Helfertruppe zählen.
Natürlich wird trotzdem mal das ein oder andere Pflänzchen ein Opfer der Schnecken; widrige Witterungsbedingungen begünstigen alledem zum Trotz auch immer wieder Schadpilze an Obst und Gemüse – hier können Sie mit schlauen Kulturmaßnahmen (ab Seite 134) weitere Abhilfe schaffen.

Das ist schon die „halbe Miete“: Insektenhotels am oder nahe des Hochbeets angebracht, locken nützliche Insekten an und sind gleichzeitig ein Quell für interessante und spannende Beobachtungen.

HOTEL & RESTAURANT FÜR INSEKTEN

Insekten (und andere Tiere) fördern Sie, indem Sie naturnahe Elemente wie Hecken, Blühwiesen, Tümpel, Steinhaufen und Totholzstapel in Ihren Garten integrieren, zusätzliche Nisthilfen bzw. Insektenhotels anbringen und für einen gedeckten Tisch sorgen: Bauen Sie vielfältig Blühendes an, sodass Biene, Schmetterling, Hummel und Co. möglichst die ganze Saison über Nektar und Pollen finden.

EIN GARTEN FÜR INSEKTEN – SO GEHT'S:

FUTTERQUELLEN FÜR INSEKTEN: BLÜTEN	▪ Zwiebelgewächse: Krokus, Schneeglöckchen, Winterling ▪ Stauden: Akelei, Aster, Fetthenne, Fingerhut, Glockenblume, Hoher Alant, Kardendistel, Lenzrose, Lungenkraut, Lupine, Malve, Mondviole, Nachtkerze, Phlox, Schlüsselblume, Seifenkraut, Sonnenhut, Wasserdost ▪ Kräuter: Anisysop, Borretsch; Lavendel, Minze, Oregano, Salbei, Thymian, Ysop ▪ Wildkräuter: Gänseblümchen, Klee, Kriechender Günsel, Löwenzahn ▪ Einjährige: Goldlack, Lobelie, Löwenmäulchen, Ringelblume, Verbene, Wandelröschen, Zinnie ▪ Gehölze: Beerensträucher, Efeu, ungefüllte und halb gefüllte Gartenrose, Hasel, Je-länger-je-lieber, Kornelkirsche, Obstbäume, Schmetterlingsflieder, Weide, Wilder Wein, Wildrose
FUTTERQUELLEN FÜR INSEKTEN: FRÜCHTE UND ANDERES	▪ Fallobst für Käfer, Bienen, Wespen, Falter ▪ Baumsäfte von Obstbäumen, zum Beispiel Linde, für Käfer, Falter, Schwebfliegen
NAHRUNG FÜR RAUPEN: SCHMETTERLINGSFUTTERPFLANZEN	▪ Fuchsie (Mittlerer Weinschwärmer) ▪ Fenchel, Dill (Schwalbenschwanz) ▪ Brennnessel (Kleiner Fuchs, Tagpfauenauge, Admiral, Distelfalter) ▪ Brombeere und Himbeere, Veilchen (Kaisermantel, Perlmutterfalter) ▪ Kreuzblütler zum Beispiel Acker-Senf, Kohl, Kresse (Weißlinge, Resedafalter, Aurorafalter)
LEBENSRAUM FÜR INSEKTEN	▪ Totholz- und Steinhaufen, Baumstümpfe, Trockenmauern, Sandwege und -fugen ▪ gesunder, humusreicher, belebter Boden ▪ unbewachsene Stellen im sandigen Boden ▪ Kompost, Hochbeet, Insektenhotels
LEBENSRAUM FÜR LIBELLEN & CO.	▪ naturnaher Teich mit Uferbewuchs, ohne Fische, der im Winter nicht zufriert; Wassertiefe zumindest stellenweise ca. 80 cm
ÜBERWINTERUNGSQUARTIERE FÜR INSEKTEN	▪ Laub- und Reisighaufen, hohle Pflanzenstängel und Äste ▪ Holzstapel, Kompost, Schuppen, Dachböden

WIDERSACHER BEKÄMPFEN

Selbst wenn Ihr Garten vielfältig und artenreich ist, Singvögel, Igel, Insekten und andere Nützlinge sich dort wohlfühlen – hin und wieder wird doch die ein oder andere Kultur von Krankheiten oder Schädlingen bedroht. Zum Glück gibt es viele clevere Kultur- und Vorbeugemaßnahmen, mit denen man sich als Gartenbesitzer helfen kann.

EINE GUTE GESUNDHEIT

Schädlingsbefall ist häufig ein Anzeichen für den schlechten Gesundheitszustand einer Pflanze. Gesunde Nutz- und Zierpflanzen können tierischen Angreifern meist recht gut standhalten, werden weniger stark befallen. Wählen Sie standortgerechte, wenn möglich regionale und robuste Pflanzenarten und -sorten. So lassen sich viele Pflanzenkrankheiten schon allein durch den Kauf geeigneter Sorten vermeiden: Viele neue Sorten weisen gute Resistenzen gegenüber bestimmten Krankheiten auf; viele alte Sorten sind besonders robust und widerstandsfähig. Aber auch das zu enge Pflanzen oder Säen kann das gesunde Wachstum behindern. Die zunächst als ausreichend erscheinenden Abstände schwinden schnell bei größer werdenden Pflanzen und hindern so die ausreichende Durchlüftung.

Zu enges Pflanzen oder Säen kann das gesunde Wachstum und eine ausreichende Durchlüftung behindern. Daher unbedingt auf ausreichend große Abstände zwischen den Pflanzen achten!

Bei Befall mit Erdbeerblütenstechern oder anderen Rüsselkäfern hilft dauerhaft nur eine „Geheimwaffe“: Hühner!

DER ZEITPUNKT MACHT'S

Nicht alle tierischen Mitesser sind zu jeder Zeit aktiv. Wissen Sie, wann bestimmte Schädlinge verstarkt auftreten, lässt sich durch die Wahl des Saat- bzw. Pflanztermins nicht selten das zeitliche Zusammentreffen von Schädling und empfindlicher Jungpflanze vermeiden. So ist eine frühe Saat oft besser, da die Pflanzen dann schon kräftig sind, wenn die ersten Schädlinge auftauchen. Auch das Vorziehen von Setzlingen im Frühbeet oder Gewächshaus kann sinnvoll sein, da diese dann beim Auspflanzen das empfindliche Jugendstadium bereits hinter sich haben. Frühe Sorten sind häufig weniger gefährdet als spätere. Ebenso können geeignete Kulturschutzmaßnahmen dann gezielt zum richtigen Zeitpunkt eingesetzt werden.

WER IST WANN UNTERWEGS?

BLATTLAUS	April bis Ende August
SCHILDLAUS	Juli / August
SPINNMILBE	Mai bis Ende August
MÖHRENFLIEGE	Mai bis Juni und August
LAUCHFLIEGE	Mitte Mai bis Juli
ZWIEBELFLIEGE	Juni und August
ERBSENWICKLER	Mai bis Juni
KOHLWEIßLING	April / Mai und Juli
ERDBEERBLÜTENSTECHER	April

MISCHKULTUR NÜTZT & SCHÜTZT

Auch ein Anbau nach dem Prinzip der Mischkultur (ab Seite 50), bei dem sich verschiedene Nutzpflanzen gegenseitig schützen, ist eine konkrete Maßnahme zum chemiefreien Pflanzenschutz. Spezifische Stoffe der einen Pflanzenart vertreiben Schädlinge der anderen Art oder beide Arten wirken sich förderlich auf die jeweils gegenseitige Pflanzengesundheit aus.

WEHRHAFTE PFLANZEN

Manchmal schlagen auch bestimmte Pflanzenarten oder -sorten den ungebetenen Mitessern ein Schnippchen. So haben zum Beispiel Tomatenpflanzen Drüsenhaare auf den Oberseiten ihrer Blätter. Frisst eine Blattlaus an einem solchen Blatt, gibt dieses ein klebriges Sekret ab. Die Blattlaus bleibt darin kleben, kann sich nicht mehr befreien und verhungert. Blattläuse reagieren außerdem stark auf die Farbe Hellgrün – so finden sie auch ihren Weg zum nächsten Salatkopf. Rotblättrige Salate hingegen werden von den Läusen nahezu übersehen und sind deshalb weitestgehend ungefährdet.

UNBELIEBT: SCHLEIMIGE KRIECHER

In vielen Gärten sind Schnecken ein Problem. Hochbeete erheben die Pflanzen zwar ein gutes Stück über das übliche Schneckengeschehen hinaus, bieten aber dennoch keinen hundertprozentigen Schutz. Auch wenn mit einem Hochbeet ein eingegrenzter Raum entsteht, der durch seine Höhe besser einsehbar und somit leichter gegen die ungeliebten Gäste zu verteidigen ist, so erobern sie spätestens im Laufe der Nacht das Areal und vernichten mit Wonne gerade frisch gepflanzte Salate und andere Jungpflanzen.

Wirksamer Schneckenschutz für Jungpflanzen: Schneckenkragen aus Kunststoff.

„WIR MÜSSEN DRAUßEN BLEIBEN“

Schnecken können durch geeignete Barrieren vom begehrten Gemüse weitgehend ferngehalten werden – insbesondere auf einem Hochbeet lassen sich solche Maßnahmen oft besonders gut verwirklichen. Bei unseren Holzhochbeeten mit glatter Außenfläche hat sich aufklebbares Kupferband als wirksamer Schneckenschutz herausgestellt (siehe Foto Seite 34). Wir müssen lediglich penibel darauf achten, dass keine Brücken durch die wachsenden Pflanzen vor und im Hochbeet entstehen, die die Schnecken zur Überwindung der Barriere nutzen können.
Jedoch entbindet auch der beste Schneckenschutz nicht von gelegentlichem Absuchen; gerade vor dem Saisonstart sollten Schnecken und deren Eier sorgfältig entfernt werden.
Im Handel sind auch stromführende Schneckenbarrieren oder konstruktive Schneckenzäune aus Metall erhältlich. Diese können an das eigene Hochbeet angepasst und dort fest installiert werden. Auch hier gilt: Pflanzenbrücken vermeiden! Bei Hochbeeten aus mörtellos verlegten Natursteinen oder aus groben Holzstämmen in Blockbauweise helfen die gängigen Abwehrsysteme aufgrund der vorhandenen Ritzen und Spalten eher nicht. Hier hilft nur Absuchen.

SCHNECKENFALLEN

Um Schnecken gezielt absammeln zu können, bieten sich verschiedene Köder oder Schneckenfallen an, mit denen man die Tiere aus ihren Verstecken lockt. Von der bekannten Bierfalle raten wir allerdings ab, da sie Schnecken auf weite Entfernungen anlockt – sogar die aus den Gärten der Nachbarn! Legen Sie stattdessen Köder aus, wie rohe Kartoffelstücke oder Salat-, Gurken- und Zucchinireste.

JUNGES GEMÜSE SCHÜTZEN

Da wir unsere Hügelbeete mitten auf einer Wiese angelegt haben, sind sie für Schnecken besonders zugänglich. Dementsprechend gestaltet sich auch unsere Pflanzenauswahl. Die Schnecken selbst waren in den ersten Jahren unsere Lehrmeister, indem sie nicht ausreichend robuste oder ungeeignete Pflanzen verschwinden ließen. Da vorgezogene Pflanzen bis zu ihrer Etablierung bei Schnecken besonders beliebt sind, schützen wir sie mit Schneckenkrägen aus Kunststoff aus dem Fachhandel. Direktaussaaten sind weniger betroffen. Als am widerstandsfähigsten haben sich selbstausgesamte Pflanzen aus dem Vorjahr erwiesen.

NETZE, KRÄGEN & CO.

Gemüseschutznetze oder -vliese, über Drahtbügel gespannt, schützen Gemüse wirkungsvoll vor unliebsamem Insektenbesuch – vielen Gemüsefliegenarten kann so der Zugang zum Beet verwehrt werden. Bei jungen Kohl- und Kohlrabipflanzen hilft ein einfacher Kohlkragen aus dem Fachhandel, die Eiablage der Kohlfliege zu verhindern.
Werden unsere gefiederten Freunde, allen voran die Amseln, hin und wieder zum Lästling im Garten, der in frisch angelegten Saaten herumscharrt, kommt auch die gute alte Vogelscheuche – in welcher Form auch immer – als umweltfreundliche Pflanzenschutzmaßnahme zum Einsatz, bis hin zu flatternden Staniolstreifen und ausrangierten CDs, die fröhlich im Wind hin und her schwingen.

WINTER-EXTRAS

Ausstattung – Handling – Spezialbeete

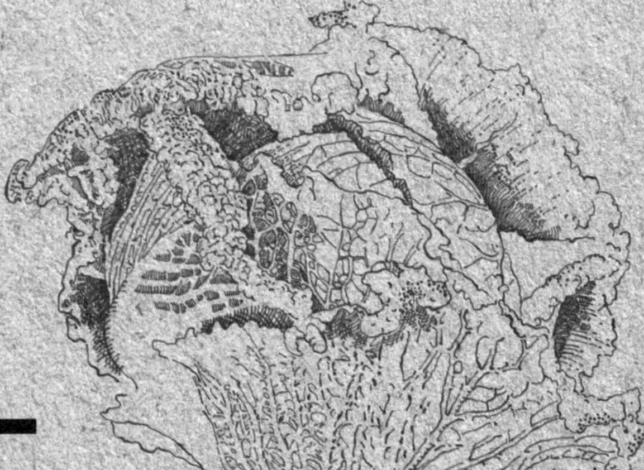

INHALT

WINTER-FREUDEN

Ein Hochbeet kann auch im Winter zum Anbau von Essbarem genutzt werden! Hierbei kommen zunächst die speziell für eine späte Winterernte gezüchteten und traditionell genutzten Gemüsearten und -sorten in Betracht. Oder Sie verlängern und verfrühen die Anbausaison durch an das Hochbeet angepasste Frühbeet-abdeckungen.

WINTERGEMÜSE

Als Gemüse für eine Ernte in der kalten Jahreszeit kommen zum Beispiel verschiedene Kohlarten wie Grünkohl, Rosenkohl oder Wirsing infrage. Damit der Boden nicht so schnell gefriert und das Wintergemüse bequem geerntet werden kann: Beet mit Vlies oder einer Stroh- bzw. Laubschicht abdecken. Auch besonders frostharte und schnellwachsende Spinatsorten wie 'Matador' eignen sich für einen Winteranbau im Hochbeet: Sie werden in diesem Fall zwischen Mitte September und Mitte Oktober ausgesät.

Auch das ist möglich: Winterliche Salatfreuden! Die entsprechenden Sorten von Feldsalat stecken einiges an Kälte weg.

Verschiedene Kohlarten sind für einen winterlichen Anbau auf dem Hochbeet prädestiniert: Sie sind kältetolerant und schmecken oft erst nach einigen Minusgraden richtig gut.

SALAT IM WINTER

Im Herbst gesäte oder gepflanzte Salate wie Feldsalat, Winterportulak, Pflück- und Asia-Salate und sogar winterfester Kopfsalat können in der finsterkalten Jahreszeit auf dem Hochbeet wachsen. Es ist ein optimaler Standort für diese robusten Arten und Sorten, die dann selbst im Winter erntefrischen Salatgenuss und eine gute Portion Vitamine aus eigenem Anbau liefern.

OPTIK TIPP

Wie wäre es mit farbenprächtigem Gemüse auf dem Hochbeet zur Winterszeit? Die winterharten Rosenkohlsorten 'Falstaff', 'Redball' und 'Rubine' entwickeln erst bei niedrigen Temperaturen ihre attraktive rote Färbung.

ABDECKUNGEN

Damit im Winter Gemüse auf dem Hochbeet angebaut bzw. dort überwintert und bequem geerntet werden kann, empfiehlt es sich, das Beet mit einer lichtdurchlässigen Abdeckung zu versehen. Die Möglichkeiten hierfür sind vielfältig! Sie reichen von einfachen, selbst gebauten Lösungen bis zu passgenauen, vorgefertigten Überdachungen aus dem Fachhandel.

WELCHES MATERIAL?

Die simpelste Möglichkeit ist sicherlich eine lichtdurchlässige, stabile Kunststofffolie, die auf das Beet aufgelegt und an den Rändern beschwert wird. Damit auch höher wachsendes Gemüse darunter passt und Regenwasser abfließen kann, empfehlen wir die Folie mittels Drahtbügeln zu einem einfachen Folientunnel umzufunktionieren. Auch eine Hochbeet-Abdeckung aus Kunststoff, zum Beispiel aus Doppelstegplatten, ist leicht und lichtdurchlässig und daher geeignet.

Allerdings wird Wärme, insbesondere nachts, bei sinkenden Temperaturen in der Luft innerhalb des Folientunnels nicht gut gespeichert. Lediglich die bei strahlendem Sonnenschein aufgeheizte obere Erdschicht im Hochbeet speichert die Tageswärme. Diese gespeicherte Wärme wird dann im Hochbeet länger gehalten als bei einem Beet ohne Abdeckung, denn durch die Abdeckung wird die Luftzirkulation darunter vermindert; die Luft wirkt dann ähnlich wie bei Doppelscheibenfenstern als Wärmedämmung.

Wie auch andere leichte Materialien müssen Sie die Windanfälligkeit bedenken und die Abdeckung gut befestigen; indem Sie sie beispielsweise an den Rändern mit Steinen beschweren.

Fertige Bausätze für Frühbeetaufsätze gibt es in unterschiedlichen Qualitäten und Preisklassen. Wenn Sie Ihr Hochbeet selbst bauen, sollten Sie den gewünschten Aufsatz vorab kaufen, dann kann der Beetrahmen passgenau konstruiert werden. Eine solche Anschaffung ist meist lohnenswert, denn gerade während der jahreszeitlichen Übergänge kann die Wärme der letzten bzw. auch ersten Sonnenstrahlen genutzt werden, was zu einer längeren Gartensaison im Hochbeet führt.

CLEVER GÄRTNERN TIPP

Selbst eine minimalistische Abdeckung mit Gärtnervlies schützt Gemüse vor leichten Nachtfrösten, besonders in den Übergangszeiten. Es ist luft- und wasserdurchlässig, was regelmäßiges Lüften überflüssig macht.

TIPP

Bei leichten Nachtfrösten kann auch ein Teelicht unter die Abdeckungshaube gestellt werden. Voraussetzug: Genügend Abstand zwischen Flamme und Abdeckung! Unbedingt unter Beobachtung ausprobieren!

LÜFTEN NICHT VERGESSEN!

Eine Abdeckung bietet Schutz vor Schnee, leichtem Frost und winterlichem Regen. An Tagen mit starker Sonneneinstrahlung dürfen Sie allerdings nicht vergessen, die Hochbeet-Abdeckung zu lüften, um zu hohe Temperaturen zu vermeiden. Gelegentliches Lüften beugt auch einer Schimmelbildung vor!

EIN TOMATENDACH ZUR FRÜHBEETABDECKUNG UMFUNKTIONIEREN

Im Fachhandel erhältliche praktische Tomatendächer mit Alurahmen und gebogenen Doppelstegplatten lassen sich leicht zu einer Frühbeetabdeckung umbauen. Hierzu müssen lediglich die Stirnseiten zusätzlich mit passend zurechtgeschnittenen Doppelstegplatten abgedichtet werden. So erhält man eine robuste Frühbeetabdeckung, die im Sommer zusätzlich – ihrem ursprünglichen Zweck entsprechend – als Regenschutz für die Tomaten dient. Durch die gewölbte Form und unterstützt durch den Alurahmen hält diese Abdeckung im Winter auch stärkeren Schneemengen stand.

Mit einem Tomatendach, das zur praktischen Hochbeetabdeckung umfunktioniert wurde, grünt und wächst es auch in der kalten Jahreszeit.

KOHL-GENÜSSE

Selbst mit einer Beetüberdachung kann zur kalten Jahreszeit (fast) nichts mehr gesät werden, denn für weiteres Wachstum fehlt es an Licht und Wärme. Doch verschiedene Gemüsearten, im Sommer oder Frühherbst ausgesät, können über den Winter auf dem Beet belassen werden und wachsen dann an sonnigen Wintertagen sogar langsam weiter.

DER WINTER GEHÖRT DEM KOHL

Typische Wintergemüse sind zum Beispiel verschiedene Kohlarten wie Grünkohl, Rosenkohl und Wirsing. Viele Grünkohlsorten entwickeln erst mit dem ersten Frost den besten Geschmack und können bis tief in den Winter hinein geerntet werden, denn die Pflanzen sind frosthart bis –15 °C. Das gilt auch für Rosenkohl. Nicht ganz so hart im Nehmen ist Wirsing, doch wenn Sie entsprechende Sorten wählen, kann auch dieses Gemüse in der kalten Jahreszeit geerntet werden, denn Wintersorten halten bis zu –10 °C unbeschadet aus.

WANN ANLEGEN?

Winterlicher Grünkohl (übrigens: auch Braunkohl oder Krauskohl genannt) muss bereits im Frühjahr angebaut werden, um ihn während der kalten Jahreszeit zu genießen, da er ab der Pflanzung bis zu sechs Monate braucht, bis er erntereif ist. Aussaat am besten ab Mitte Mai in Anzuchtkisten im Freien oder direkt aufs Beet. Höhere Sorten wie zum Beispiel ‘Ostfriesische Palme’ haben eine längere Entwicklungsdauer: diese schon Mitte April säen. Selbst gezogene oder gekaufte Jungpflanzen können von Ende Mai bis spätestens Mitte Juli aufs Hochbeet gesetzt werden. Noch früher müssen Sie mit Rosenkohl dran sein: Jungpflanzen werden ab Mitte April bis Ende Mai, spätestens aber Anfang Juni gesetzt.

DAS WINTER-KOHL-BEET PFLEGEN

Alle Kohlarten müssen während des Wachstums regelmäßig gewässert und etwa vier Wochen nach der Pflanzung angehäufelt werden. Die Pflanzen bei Bedarf mit Kulturschutznetzen vor anfliegenden Kohlweißlingen schützen. Kohl gehört zu den Starkzehrern im Beet und ist ideal für ein Hochbeet im ersten (und zweiten) Jahr nach seiner Anlage geeignet. Auf einem älteren Beet gilt: Düngen nicht vergessen!

BEET INFO

ERNTE +++
SCHMUCK ++
TOLL ANZUSEHEN XIII–II
PFLEGEAUFWAND 🍴🍴
STANDORT ☀

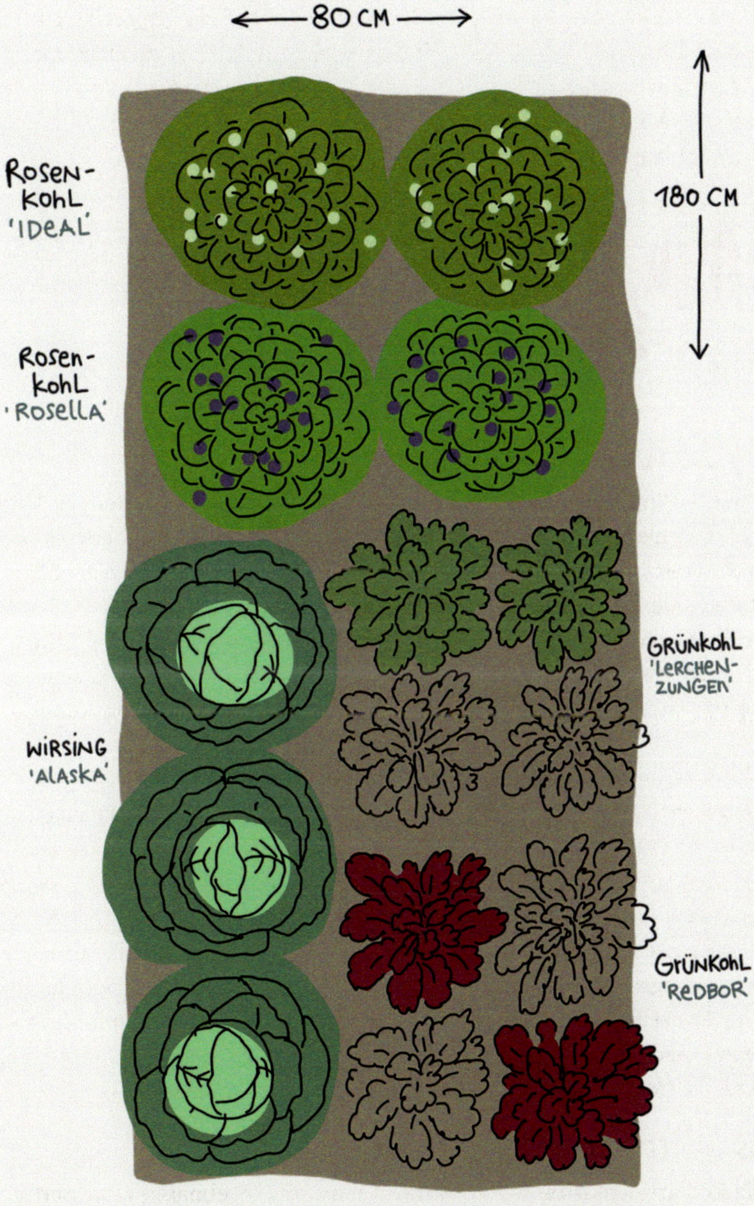

KREATIV & CLEVER GESTALTEN:

Grünkohl 'Lerchenzungen'
schmale Blätter, halbhoch

Grünkohl 'Redbor'
rotviolette Blätter

Rosenkohl 'Ideal'
robuste Wintersorten

Rosenkohl 'Rosella'
rotviolette Röschen

Wirsing 'Alaska'
frostharte Spätsorten

TIPP

Weitere geeignete Arten fürs Winter-Kohl-Beet sind: Rosenkohl 'Noisette' und 'Igor', Grünkohl 'Frostara' und 'Ostfriesische Palme' sowie Wirsing 'Marner Grüfewi'.

SALAT IN DER KALTEN JAHRESZEIT

Wer denkt im Winter schon an frischen Salat aus dem eigenen Garten? Ein Hochbeet macht's möglich! Rechtzeitig gesät, lassen sich hier tatsächlich während des Winters Endivie, Spinat, Pflück- und Asia-Salate ernten. Mit einer Vlies- oder anderen Beetabdeckung und geeigneten Sorten gedeiht sogar winterfester Kopfsalat.

WANN ANLEGEN?

Winterendivie, im Juni/Juli gesät oder im August gepflanzt, macht mit einer Ernte bis Ende November den Anfang. Im Herbst gesäter Spinat gibt ebenfalls einen hervorragenden winterlichen Salat ab. Asia- und Pflücksalate werden im September gesät oder bis Ende Oktober gepflanzt. Rechtzeitig vor den tieferen Minusgraden bilden sie kräftige Wurzeln aus, die ihnen eine Überwinterung ermöglichen. Die meisten Sorten sind winterfest; zur Sicherheit Packungshinweise beachten. Die Ernte beginnt noch im selben Jahr; dauert bei Asia-Salaten sogar bis ins folgende Frühjahr an, bis sie, temperaturbedingt, dann irgendwann im April schießen. Winterkopfsalat wird Ende September bis Anfang Oktober gesät.

BEET INFO

ERNTE +++
SCHMUCK +
TOLL ANZUSEHEN X–I
PFLEGEAUFWAND
STANDORT

DAS SALAT-HOCHBEET PFLEGEN

Alle winterlichen Salate, insbesondere Winterkopfsalate, sind für eine Abdeckung mit Folie oder Vlies dankbar. Durch die Abdeckung werden nach Tagesbeginn die ersten Sonnenstrahlen eingefangen, das Beet kann sich auch bei kalten Außentemperaturen aufheizen. Neben dem Frostschutz werden auch Schnee, Regen und Wind von den Pflanzen ferngehalten; sie wachsen zwar langsam, aber stetig. Bei zunehmender Sonnenintensität muss für ausreichende Lüftung gesorgt werden, um Überhitzung und Schimmelbildung zu vermeiden. Abends hält die wieder geschlossene Abdeckung die Wärme im Beet.

IM LAUF DER JAHRE

Alle Salatarten sind Schwachzehrer und gut für einen Anbau auf dem Hochbeet im dritten oder vierten Jahr nach seiner Anlage geeignet. Auf einem neuen Hochbeet kann eine Abmagerung des Bodens mit Sand sinnvoll sein; außerdem erweist es sich dann als vorteilhaft, dass bei niedrigen Wintertemperaturen weniger Nährstoffe freigesetzt werden als bei einem Anbau im Sommer.

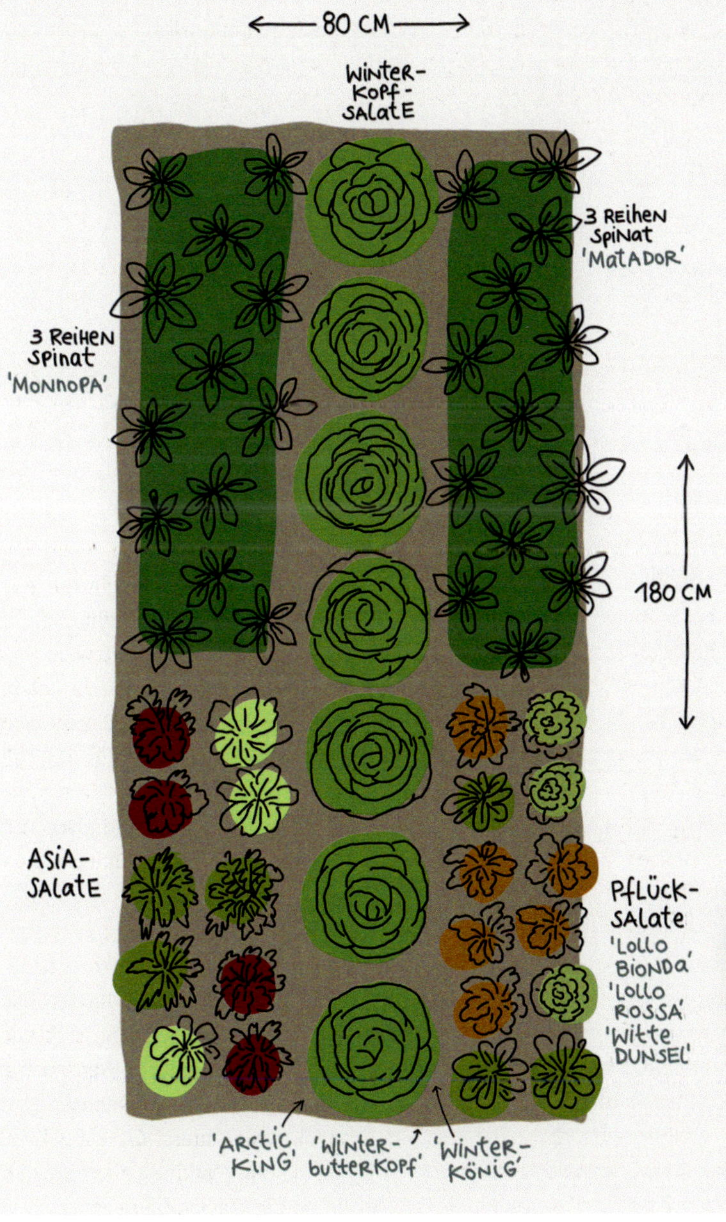

KREATIV & CLEVER GESTALTEN:

Asia-Salate 'Asia Spicy Green Mix' (Mischung)
keimen bei Temperaturen bis um die −5 °C
Aussaat/Pflanzung: IX–X
Ernte: XI–I/III; 🍴

Pflücksalate 'Lollo Bionda'
können mehrmals beerntet werden
Aussaat/Pflanzung: IX–X
Ernte: XI–XII; 🍴

Spinat 'Matador', 'Monnopa'
zur Überwinterung geeignete Sorten
Aussaat/Pflanzung: IX–X
Ernte: XII–I/II; 🍴

Winter-Kopfsalat 'Winterkönig', 'Winter-Butterkopf', 'Arctic King'
frostbeständige Wintersalate
Aussaat/Pflanzung: VIII–X
Ernte: ab III; 🍴🍴

TIPP

Weitere geeignete Arten fürs Winter-Salat-Beet sind: Winterendivie 'Grüner Escariol', Pflücksalat 'Grand Rapids', Asia-Salat 'Red Giant', Spinat 'Monnopa' und Winter-Kopfsalat 'Wintercrop'.

„DYNAMISCHES“ BLATTGEMÜSE

Anstatt die winterliche Salatration im Supermarkt zu kaufen, wo das Blattgemüse meist aus energieaufwendigem Gewächshausanbau stammt oder kilometerweit aus südlichen Gefilden importiert wird – worunter nicht nur die Frische leidet –, können von einem Hochbeet mit geringem Aufwand noch weitere Blattgemüse geerntet werden.

WANN ANLEGEN?

Wer bereits im September mit der Aussaat auf einer bestimmten Fläche beginnt und im Abstand von zwei bis vier Wochen zwei weitere Aussaaten vornimmt, erweitert die Erntemöglichkeiten. Wir arbeiten auf nebeneinanderliegenden Beetbereichen in einer Art der „Mehrfelderbewirtschaftung“.

„DYNAMISCHE“ SALATKULTUR

Für den Winteranbau von Feldsalat und Winterportulak gibt es verschiedene Optionen, die je nach Wetter unterschiedlich ablaufen, sozusagen in einem dynamischen Kulturverlauf. Werden sie so zeitig gesät – bis Ende September/ Anfang Oktober –, dass sie zu Beginn der dauerhaft niedrigen Temperaturen fast vollständig entwickelt sind, verlangsamt sich zwar ihr weiteres Wachstum. Sie überstehen Frostphasen unter Frühbeetabdeckungen jedoch zumeist schadlos und können nach weiterem kurzem Wachstum bei Bedarf geerntet werden; auch spät im Winter. Oder aber die Salate haben zu Beginn der kalten Jahreszeit die Hälfte ihres Wachstums bis zur eigentlichen Erntefähigkeit geschafft; dann können sie sich unter der Winterabdeckung im Verlauf einer sonnenreichen Wärmephase relativ schnell zu voller Erntereife weiterentwickeln. Wir sind dann zwar vom Wetterverlauf des jeweiligen Jahres abhängig, können uns aber auf überraschendes Ernteglück freuen. Sollten wider Erwarten keine winterlichen Wärmephasen auftreten, so haben wir im nächsten Frühjahr einen besonders zeitigen Start. Schließlich können die Wintersalate auch von vornherein als Frühstarter nach überstandenem Winter fungieren. Dann ist wichtig, dass die

BEET INFO

ERNTE ++
SCHMUCK +
TOLL ANZUSEHEN X-II
PFLEGEAUFWAND
STANDORT

Pflanzen vor dem Einsetzen von Dauerfrost zumindest die Keimblätter und zwei bis sechs weitere Blätter entwickelt haben, bevor es in den „Winterschlaf“ geht. Mit diesem Vorsprung erhalten wir frühzeitig im nächsten Jahr erntereifen Salat.

DAS SALAT-HOCHBEET PFLEGEN

In gewissem Maß lässt sich das Wachstum auch durch Öffnen und Schließen oder gänzliche Abnahme der Winterabdeckung steuern. Sollte der Winter besonders spät einsetzen, können die voll entwickelten Pflanzen vorzeitig geerntet werden. Die freiwerdende Fläche steht zur erneuten Aussaat bereit.

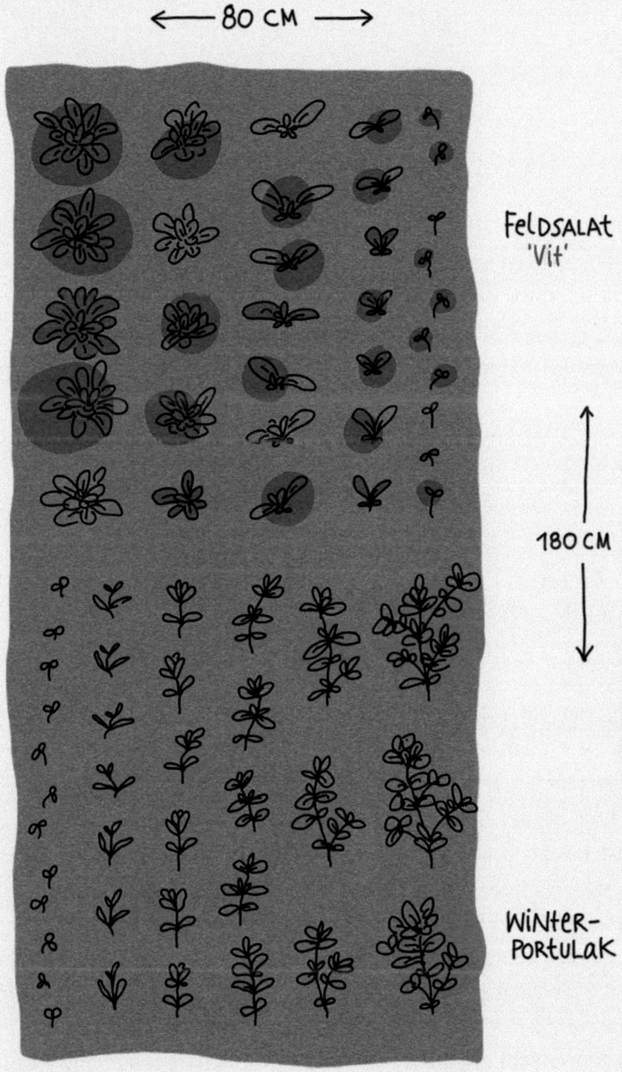

KREATIV & CLEVER GESTALTEN:

Feldsalat 'Vit'
ertragreich; für Winteranbau geeignet
Aussaat: IX–Anfang X
Ernte: XI–I/II; 🍴

Winterportulak (Postelein)
zur Überwinterung geeignet; ausgewachsene Pflanze übersteht bis zu −20 °C
Aussaat: Mitte IX–III
Ernte: XII–IV; 🍴

TIPP

Weitere geeignete Arten fürs „Dynamische“-Winter-Beet sind die Feldsalat-Sorten 'Baron', 'Elan', 'Favor' und 'Verte de Cambrai'.

ZUM NACHSCHLAGEN & STÖBERN

Adressen – Bezugsquellen – Register

INHALT

DURCHS JAHR: GEMÜSE UND SALATE IM HOCHBEET

GEMÜSE/SALAT	I	II	III	IV	V	VI	VII	VIII	IX	X	XI	XII
Andenbeeren					🟩		🟧	🟧	🟧			
Asia-Salate	🟧	🟧	⬛	⬛🟧	⬛🟧	⬛🟧	⬛🟧	⬛🟧	⬛🟧	🟧	🟧	🟧
Bohnen					⬛	⬛🟧	🟧	🟧	🟧			
Endiviensalat						⬛🟩	⬛🟩	⬛🟩🟧	⬛🟩🟧	🟧	🟧	🟧
Feldsalat	🟫	⬛🟫	⬛	🟧	🟧		⬛🟧	⬛🟧	⬛🟧	⬛🟧	🟧	🟫
Gartenkresse			⬛🟧	⬛🟧	⬛🟧	⬛🟧	⬛🟧	⬛🟧	⬛🟧	⬛🟩🟧	🟧	🟧
Grünkohl	🟧	🟧	🟧		⬛🟩	⬛🟩	🟩			🟧	🟧	🟧
Gurken					⬛🟩		🟧	🟧	🟧			
Kohlrabi			⬛🟧	⬛🟧	⬛🟧	⬛🟩🟧	⬛🟩🟧	⬛🟩🟧	🟩	🟩	🟩	
Kopfsalat			⬛🟩	⬛🟩	⬛🟩🟧	⬛🟩🟧	⬛🟩🟧	⬛🟩🟧	🟧	🟧		
Lauch	🟧					⬛🟩			🟧	🟧	🟧	🟧
Mairüben			⬛	⬛	⬛🟧	🟧	🟧					
Mangold	🟫	🟫	⬛🟩🟧	⬛🟩🟧	⬛🟩🟧	⬛🟩🟧	⬛🟩🟧	🟧	🟧	🟧	🟧	🟧
Möhren			⬛	⬛	⬛	⬛🟧	⬛🟧	🟧	🟧	🟧		
Paprika					🟩			🟧	🟧	🟧		
Pflücksalat	🟫	🟫	⬛🟩	⬛🟩🟧	⬛🟩🟧	⬛🟩🟧	⬛🟩🟧	⬛🟩🟧	⬛🟩🟧			🟫
Winter-portulak (Postelein)	⬛🟧	⬛	🟧	🟧					⬛	⬛	⬛🟧	🟧

GEMÜSE/SALAT	I	II	III	IV	V	VI	VII	VIII	IX	X	XI	XII
Radieschen		Aussaat	Aussaat, Ernte	Aussaat, Ernte	Aussaat, Ernte	Aussaat, Ernte	Aussaat, Ernte	Aussaat, Ernte	Aussaat, Ernte	Ernte		
Rettich			Aussaat	Aussaat	Ernte	Ernte	Aussaat	Aussaat		Ernte	Ernte	
Rosenkohl	Ernte	Ernte	Ernte	Aussaat, Pflanzung	Pflanzung	Pflanzung				Ernte	Ernte	Ernte
Rote Bete				Aussaat, Pflanzung	Aussaat, Pflanzung	Aussaat, Pflanzung, Ernte	Aussaat, Pflanzung, Ernte	Ernte	Ernte	Ernte	Ernte	
Rucola	Ernte unter Abdeckung	Aussaat	Aussaat	Aussaat, Ernte	Aussaat, Ernte	Aussaat, Ernte	Aussaat, Ernte	Aussaat, Ernte	Aussaat, Ernte	Ernte	Ernte	Ernte unter Abdeckung
Sellerie					Pflanzung					Ernte		
Spinat		Aussaat, Ernte	Aussaat, Ernte	Ernte	Ernte		Aussaat	Aussaat, Ernte	Aussaat, Ernte	Aussaat, Ernte	Ernte	
Stielmus			Aussaat	Aussaat, Ernte, Ernte unter Abdeckung	Ernte				Aussaat	Aussaat, Ernte	Ernte	
Tomaten					Pflanzung			Ernte	Ernte	Ernte		
Weiß- und Rotkohl			Aussaat	Aussaat	Aussaat, Pflanzung	Ernte	Ernte	Ernte	Aussaat, Ernte	Ernte	Ernte	
Wirsing			Aussaat	Aussaat, Pflanzung	Aussaat, Pflanzung	Ernte	Ernte	Ernte	Aussaat, Ernte	Ernte	Ernte	Ernte
Zucchini					Aussaat		Ernte	Ernte	Ernte			
Zuckerschoten				Aussaat	Aussaat	Ernte	Ernte	Ernte				

- Aussaat
- Pflanzung
- Ernte
- Ernte unter Abdeckung

ADRESSEN & BEZUGSQUELLEN

renate-hudak.de
Homepage der Autoren
Seminarangebote, Naturaktionen, Führungen, Gartenbilder und Fachartikel der Autoren

Beckmann
Simoniusstraße 10
88239 Wangen im Allgäu
www.beckmann-kg.de
Hochbeete und diverse Gartenartikel

beetfreunde.de
Am Hasenlauf 37
35216 Biedenkopf
shop.beetfreunde.de/hochbeet
Saatgut, Dünger und Pflanzenstärkung, Gartenzubehör

Dehner Gartencenter
Donauwörther Straße 5
86641 Rain
www.dehner.de
Tischhochbeete aus verschiedenen Materialien; Hochbeetabdeckungen, Frühbeetaufsätze etc.

Designwerkstatt
Harald Schneider
Susanne Schützinger
Am Windrad 13
52156 Monschau
www.designwerkstatt-schneider.de
Hochbeete aus Stahl oder Corten

Gartenbedarf-Versand Richard Ward
Ottobeurer Straße 46 a
87733 Markt Rettenbach
www.gartenbedarf-versand.de
Clevere und hilfreiche Gartenwerkzeuge, Drahtbügel, Abdeckfolie und -vlies, Schneckenkrägen etc.

Gartenfrosch
Bierweg 1 a
86492 Egling a. d. Paar
www.gartenfrosch.com
Hochbeete aus Holz mit passenden Abdeckungen und Aufsätzen, Tischhochbeete etc.

Gartensilber
Design für urbane Lebensräume
Inhaber: Egon Schmid
Schloßstraße 9
88453 Erolzheim
www.gartensilber.de
Funktionale Hochbeete, vielseitige Pflanzgefäße, Sichtschutz und Stauraum

Get on top
Salzburger Straße 75
A-5303 Thalgau
www.meinhochbeet.com
Hochbeetbausätze aus verschiedenen Materialien zum Selberbauen

Hochbeet Huchler
Kleinser Berg 1
88484 Gutenzell
www.hochbeet-huchler.de
Hochbeete aus Holz, Hochbeetzubehör (Aufsätze, Gewächshausfolien, Gemüseschutznetz und Schneckenblech), Komposter

Hochbeete Fischer
Hofmark 52 b
93326 Abensberg
www.hochbeete-fischer.de
Hochbeetbausätze aus verschiedenem Holz zum Selberbauen, passende Hochbeetaufsätze, Tischbeete etc.

Juwel H. Wüster
Industriezone 19
T-6460 Imst
www.juwel.com
Hochbeet-Systeme zum Selberbauen

Staudengärtnerei Gaißmayer
Jungviehweide 3
89257 Illertissen
www.gaissmayer.de
Breites Saatgut- und Pflanzenangebot

Yerd – Fischer Motorgeräte
Weingartenstraße 79
77933 Lahr
www.yerd.de
Langlebige Hochbeete und Pflanzcontainer aus Metall

ZUM WEITERLESEN

Grabner, Melanie: **Hochbeete rund ums Jahr: bauen – pflanzen – ernten.** Franckh Kosmos Verlag, Stuttgart, 2019.

Hagen, Peter: **Do it yourself im Garten.** Verlag Eugen Ulmer, Stuttgart, 2017.

Hudak, Renate und Harazim, Harald: **Hochbeete: Cleveres Gärtnern und reiche Ernte.** Gräfe und Unzer Verlag, München, 2015.

Hudak, Renate und Harazim, Harald: **Mein Selbstversorger-Garten rund ums Jahr.** Weltbild Verlag, Augsburg, 2016.

Hudak, Renate und Harazim, Harald: **Ratzfatz Gemüse, Obst & Kräuter ernten.** Verlag Eugen Ulmer, Stuttgart, 2021.

Hudak, Renate und Harazim, Harald: **Gartenabfall gibt's nicht.** Verlag Eugen Ulmer, Stuttgart, 2022.

Krause, Antje: **1 × hacken spart 2 × gießen.** Verlag Eugen Ulmer, Stuttgart, 2021.

Kullmann, Folko: **Hoch das Beet. Der Hochbeet-Jahresplaner.** Gräfe und Unzer Verlag, München, 2017.

Lorey, Heidi: **Wintergemüse.** Verlag Eugen Ulmer, Stuttgart, 2020.

Weidenweber, Christine: **Gemüse ernten ohne gießen.** Verlag Eugen Ulmer, Stuttgart, 2021.

REGISTER

ERKLÄRUNG DER SYMBOLE

Nährstoffbedarf:
niedrig
mittel
hoch

Pflegeaufwand:
ausgesprochen pflegeleicht
pflegeleicht
etwas Pflege nötig

Kulturdauer:
einjährig
mehrjährig

Winterhärte:
winterhart
ausgesprochen winterhart

Ernte:
+ kaum bis wenig ernten
++ regelmäßig ernten
+++ richtig viel ernten

Schmuck:
+ schick
++ sehr schick
+++ ausgesprochen schick

Toll anzusehen:
Die römischen Zahlen beziehen sich auf die jeweiligen Monate.

Standort:
sonnig
halbschattig

Mehr über die Autoren finden Sie unter **renate-hudak.de**.

ÜBER DIE AUTOREN

Renate Hudak, Dipl.-Ing. Gartenbau (FH), ist am Botanischen Garten Augsburg für Öffentlichkeitsarbeit, Umweltbildung und Gartenfachberatung zuständig. Schon seit vielen Jahren arbeitet sie als freie Gartenautorin und Referentin für Gartenfachvorträge und -seminare. Zusammen mit ihrem Mann, Harald Harazim, hegt und pflegt sie den heimischen Nutzgarten, der mittlerweile zum Großteil aus Hochbeeten besteht.

Harald Harazim ist gelernter Maschinenbauer und hat im Anschluss Europarecht studiert. Nach einigen Jahren bei einem großen deutschen Energieunternehmen arbeitet er inzwischen als selbstständiger Naturlehrer, Referent in der Umweltbildung und freier Autor. Für den eigenen Garten sowie verschiedene Schul- und Kindergartenprojekte hat er zahlreiche Hochbeete gebaut und bestückt.

BILDQUELLEN

Borstell, Ursel: S. 22, 25 | Botanikfoto: Heinz Hauser: S. 6 r. o.; Steffen Hauser: S. 80 Mi. | Flora Press: S. 51; Alexandre Petzold: S. 61 l.; BIOSPHOTO/Jean-Michel Groult: S. 112; Blitzart: S. 6 u. r., 21; Daniela Kunze: S. 109; Derek St. Romaine: S. 65 l.; GWI/Trevor Sims: S. 62 r., 154 r.; Martin Hughes-Jones: S. 61 r.; Meyer-Rebentisch: S. 26, 64 Mi.; Otmar Diez: S. 9 r., 115; Ute Klaphake: S. 65 r.; Visions: S. 8 o. r., 62 Mi., 64 r. | Friedrich Strauss Gartenbildagentur / Strauss, Friedrich: S. 2 l., 11 r., 31 | GAP Photos: S. 8 u. r., 19, 108, 120; Designer: Patricia Thirion and Janet Honour. Sponsor: Herbert Smith Freehills LLP: S. 73; Fiona McLeod: S. 13 r., 119; Howard Rice: S. 76 r.; Martin Hughes-Jones: S. 67 l., 67 r., 69 r.; Nova Photo Graphik: S. 62 l.; Pernilla Bergdahl: S. 75 r., 125 | Hudak, Renate/ Harazim, Harald: S. 3 u. l., 11 o. l., 36, 52, 59, 60 Mi., 72, 116, 123, 126, 127, 134, 156 | Liesz, Norbert: Cover (Autorenfoto), S. 2 r., 3 o. l., 3 r., 6 l., 7 u. l., 9 u. l., 10 o. r., 10 u. r., 12 l., 13 o. l., 14, 17, 20, 27, 32, 34, 35, 39, 40, 43, 44, 46, 47, 48, 58, 104, 107, 117, 118, 130, 136, 141 | Lorey, Heidi: S. 7 o. l., 9 o. l., 12 o. r., 61 Mi., 66 Mi., 70 l., 71 l., 139 | mauritius images: Titelfoto, S. 8 l., 63 l., 63 Mi., 64 l., 67 Mi., 70 Mi., 71 Mi., 71 r., 74 Mi., 75 Mi., 78 l., 79 l., 80 l., 128, 154 Mi. l. | Nickig, Marion: S. 148 | Schwarzer, Elke: S. 4 | Shutterstock.com: 71: S. 68 l.; aniana: S. 76 l., 154 Mi. r.; Bildagentur Zoonar GmbH: S. 74 r.; cha_cha: S. 66 r.; Chris de Blank: S. 114; COULANGES: S. 65 Mi.; Dana.S: S. 74 l.; Dario Sabljak: S. 60 r.; Donna Agatha Collins: S. 69 Mi.; Elena Koromyslova: S. 78 r.; Elena Masiutkina: S. 113; Grigoriy Pil: S. 10 l., 81 Mi., 154 l.; Henrik Dolle: S. 81 l.; Magdanatka: S. 12 u. r., 57; Mariola Anna S: S. 79 Mi., 155 Mi.; Mark Lorch: S. 7 r., 79 r.; Martin Fowler: S. 78 Mi.; Nahhana: S. 77 Mi., 77 r.; ND700: S. 63 r.; nnattalli: S. 75 l.; Paul Maguire: S. 68 r.; Peter Turner Photography: S. 66 l. 68 Mi.; Picture Partners: S. 69 l.; Pietus: S. 76 Mi., 155 r.; Robert Biedermann: S. 80 r.; Seepix: S. 13 u. l., 132, 138; simm49: S. 111; simona pavan: S. 81 r.; Slava Galaka: S. 70 r., 155 l.; Tatyana Mi: S. 11 u. l., 77 l.; Tomasz Klejdysz: S. 133; Vlad Siaber: S. 60 l.

Susanne Dinkel fertigte die Zeichnungen auf den Seiten 1, 5, 15, 29, 33, 37, 41, 49, 82, 83, 84, 85, 86, 87, 88, 89, 90, 91, 92, 93, 94, 95, 96, 97, 98, 99, 100, 101, 102, 103, 105, 121, 137, 142, 143, 144, 145, 146, 147, 149.

Die kleinen Grafiken auf dem Buchrücken und an diversen Stellen im Inhalt stammen von www.creativemarket.com.

IMPRESSUM

Anmerkung zur Schreibweise (Gendering): Gendergerechtigkeit und Inklusion sind bei uns gelebte Praxis – bei der Auswahl unserer Themen, bei der Recherchearbeit, in der Gestaltung. Unsere Texte meinen alle. Damit unsere Inhalte jedoch gut lesbar bleiben, verzichten wir in diesem Werk auf die jeweilige Mehrfachnennung oder Anpassung der Schreibweise bestimmter Bezeichnungen an die weibliche, männliche oder diverse Form.

Bibliografische Information der Deutschen Nationalbibliothek
Die Deutsche Nationalbibliothek verzeichnet diese Publikation in der Deutschen Nationalbibliografie; detaillierte bibliografische Daten sind im Internet über http://dnb.d-nb.de abrufbar.

FSC www.fsc.org MIX Papier | Fördert gute Waldnutzung FSC® C004592

1. Nachdruck 2024
Wollgrasweg 41,
70599 Stuttgart (Hohenheim)
E-Mail: info@ulmer.de
Internet: www.ulmer.de
Projektleitung: Carolin Witte
Konzept: Christine Hutschenreuther
Lektorat: Antje Krause
Herstellung: Katharina Merz
Inhalts- und Umschlaggestaltung: Michaela Mayländer, Stuttgart, www.sistermic.de
Satz: Antje Warnecke, Appen
Reproduktion: time:ray, Jettingen
Druck und Bindung: Firmengruppe Appl, aprinta Druck, Wemding
Printed in Germany
ISBN 978-3-8186-1622-9

JUWEL®
Intelligente Produkte für Garten und Haushalt
ca. 40 cm
ca. 40 cm
2 Sets = 80 cm Höhe
ca. 185 cm
ca. 125 cm
Das funktioniert
HOCHBEET TIMBER
ERGOLINE
Schön wie Holz, langlebig wie Kunststoff und flexibel erweiterbar
• Der Gärtner steht im Mittelpunkt
• Hohe Wärmeisolierung durch umweltfreundlich geschäumte Wandstruktur in Holzoptik
• Erweiterbar in Länge und Höhe, einfacher Aufbau durch Stecksystem
• Individuelle Gartenträume einfach und flexibel erstellen
Garantiert Guaranteed Garanti kein / no
Bisphenol A Formaldehyd schädliches Schwermetall
erstellt aus 2 Sets
erstellt aus 2 Sets
erstellt aus 2 Sets
erstellt aus 1 Set
erstellt aus 1 Set
Erhältlich bei BAUHAUS, HAGEBAU und HORNBACH sowie im gutsortierten Fachhandel.
Infos: JUWEL H. Wüster GmbH | Postfach 1462, D-82454 Garmisch-Partenkirchen, Tel. 08821-1679, Fax 78545 oder Industriezone 19, A-6460 Imst, Tel. 05412-69400, Fax 64838 | kund@juwel.com | www.juwel.com

...das modulare Hochbeet aus Stahl oder Corten, Standardmaße und Sonderanfertigungen.
TERENO...
www.designwerkstatt-schneider.de
52156 Monschau 02472/1225